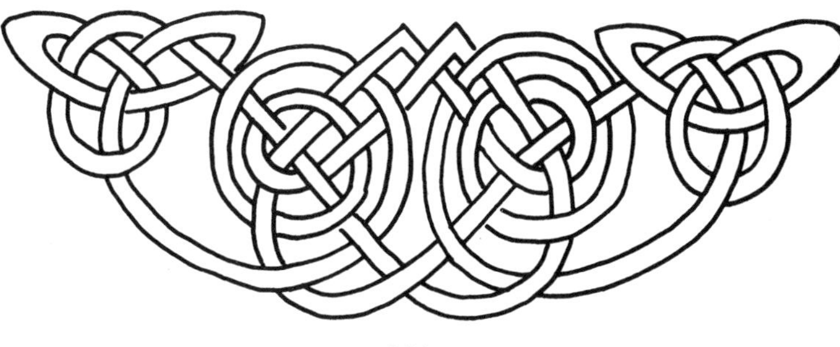

001

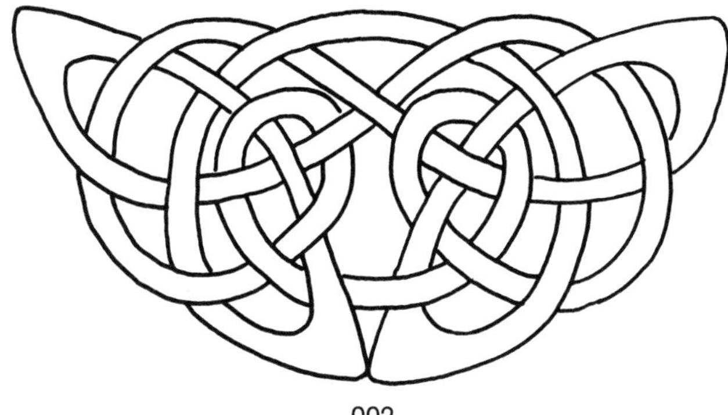

002

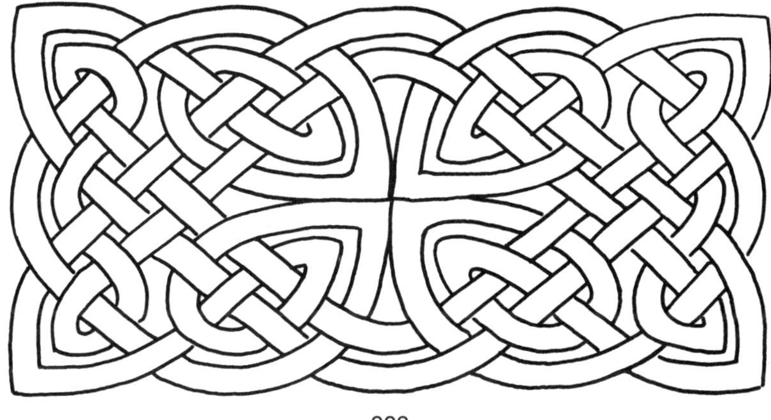

003

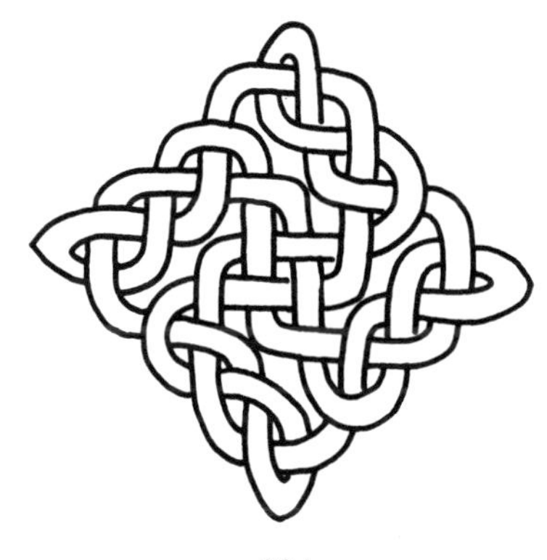

004

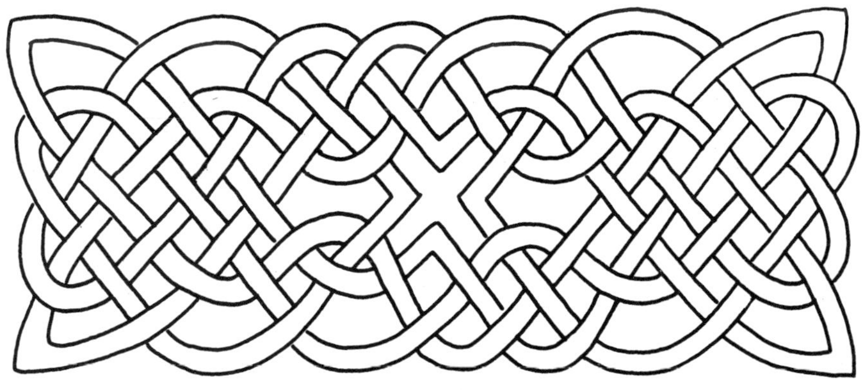

005

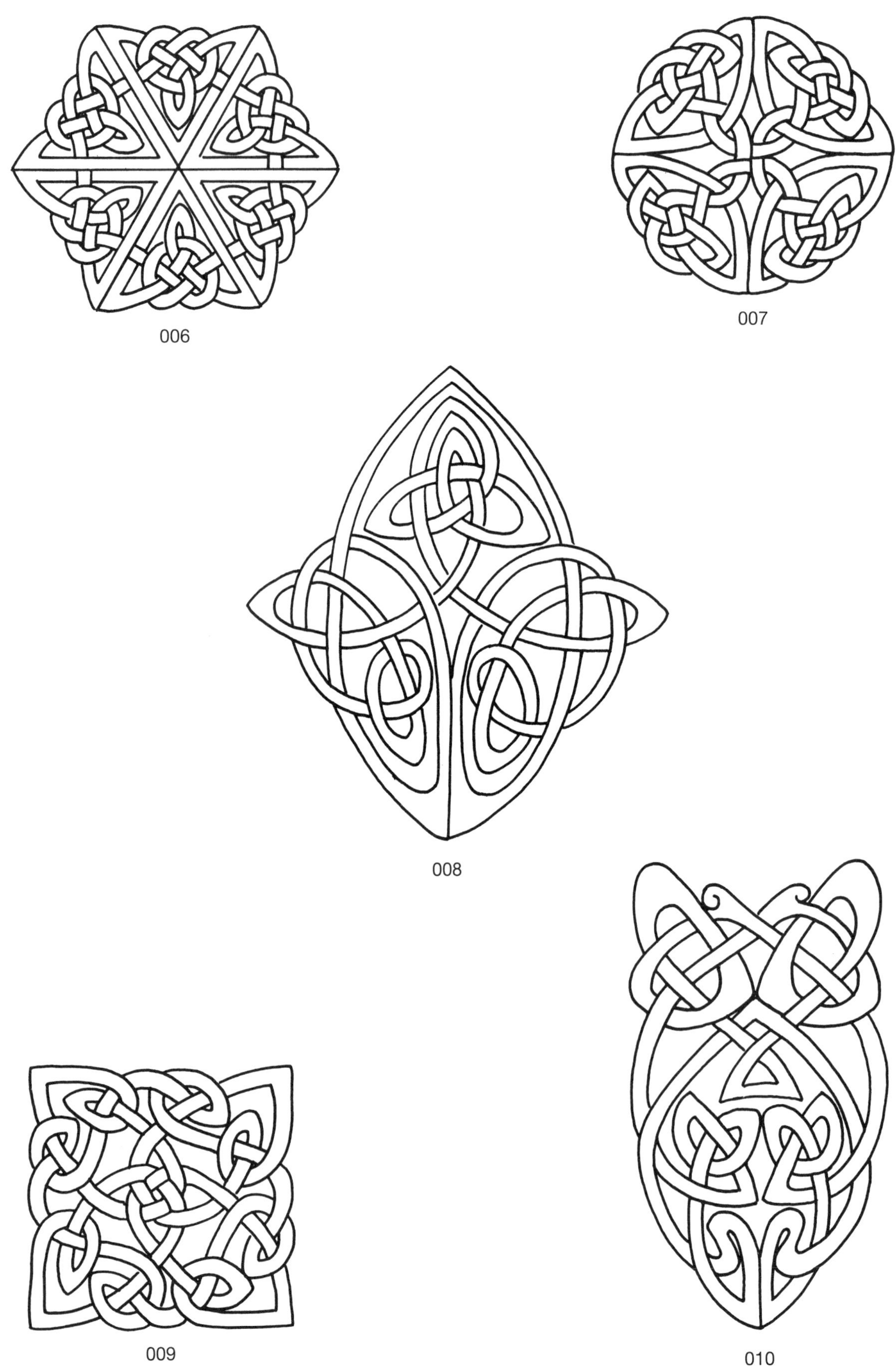

006

007

008

009

010

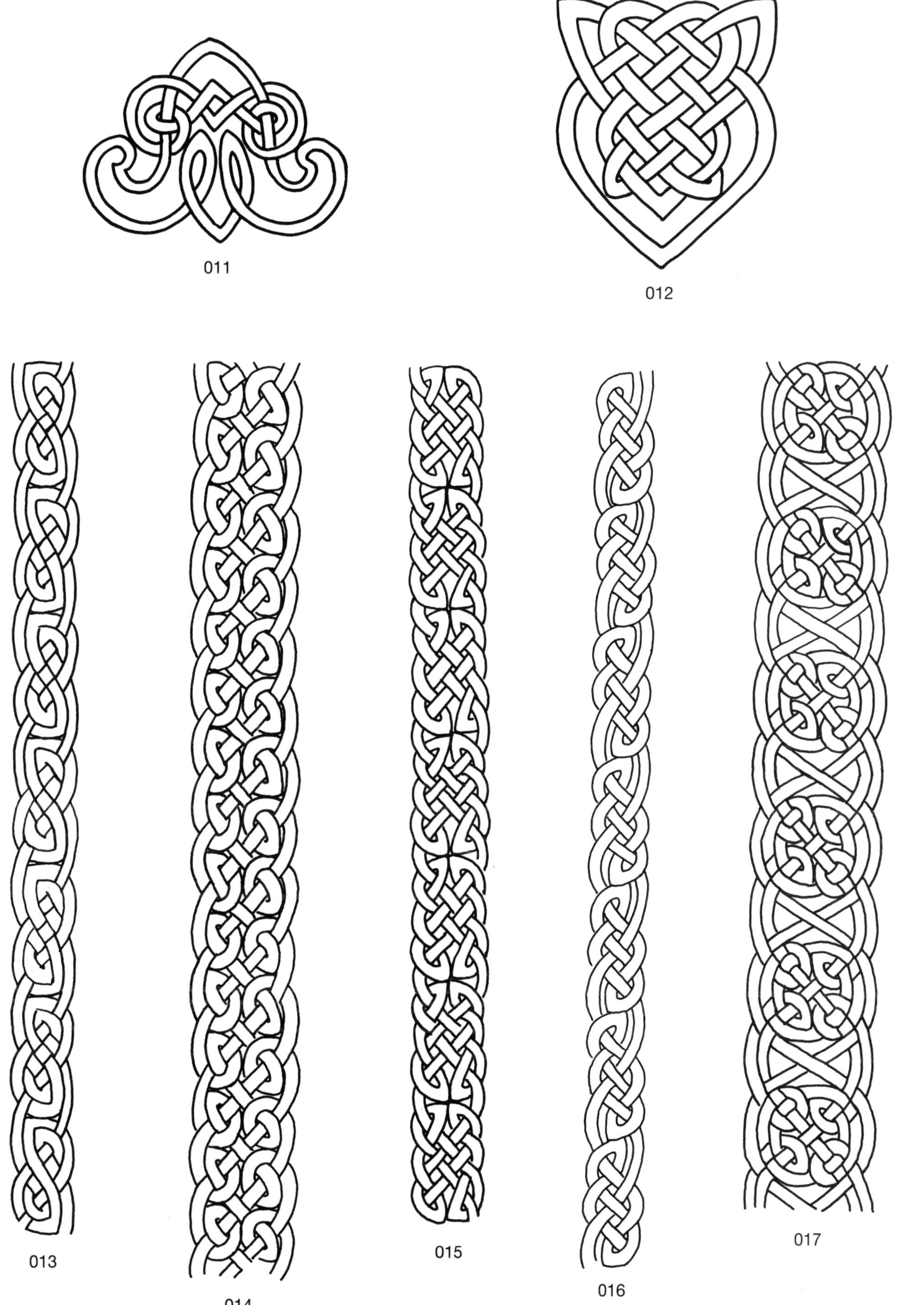

011

012

013

014

015

016

017

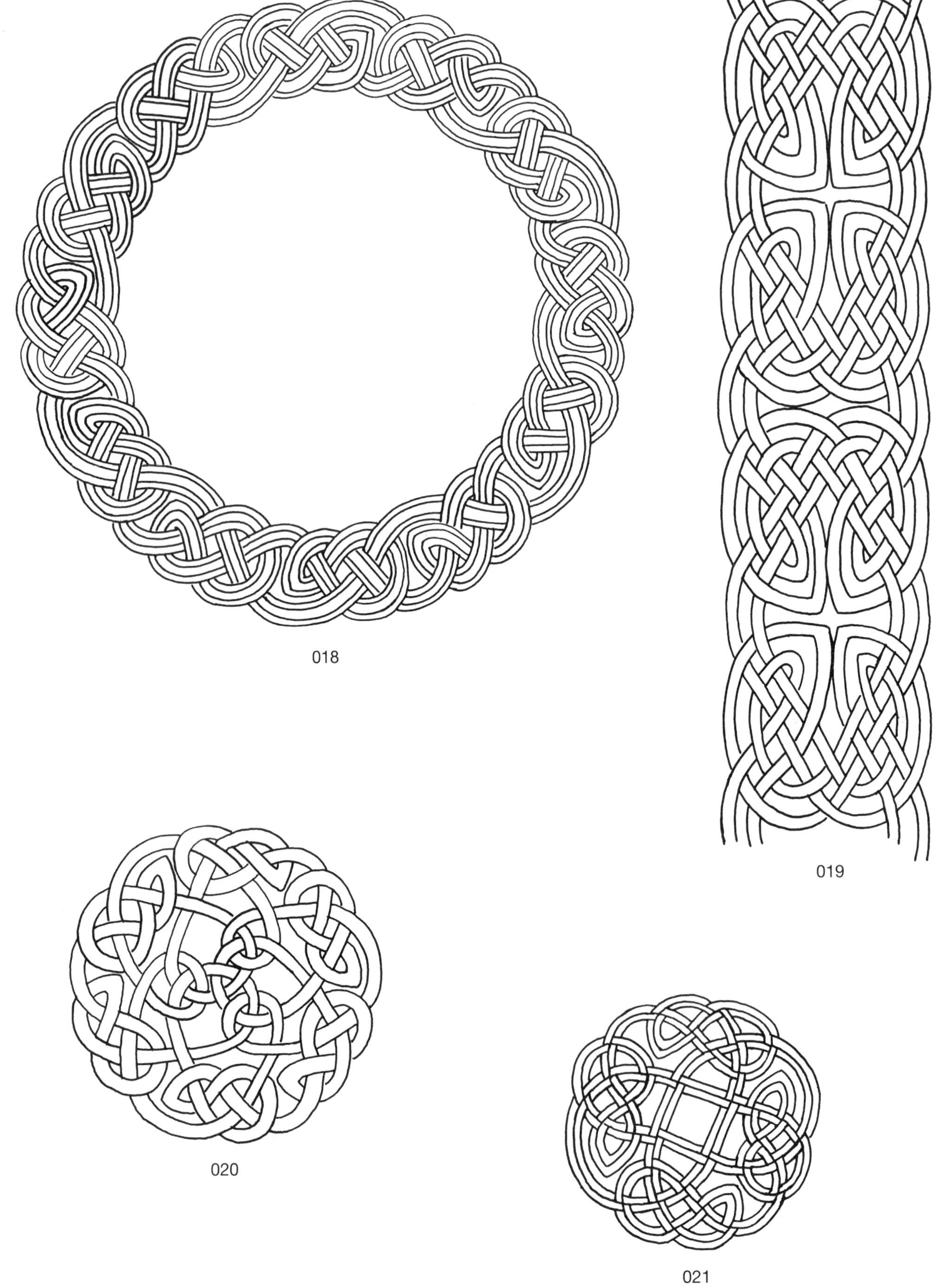

018
019
020
021

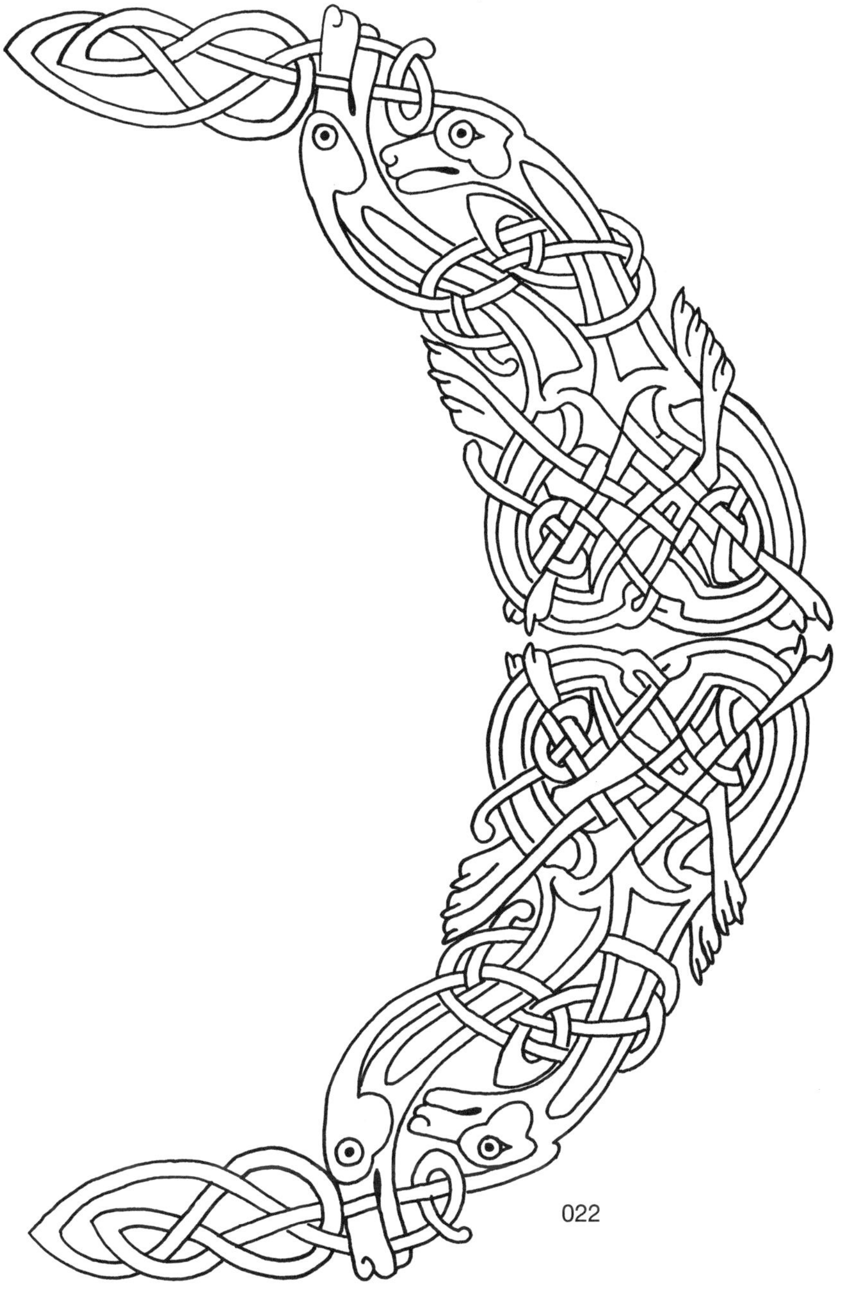

022

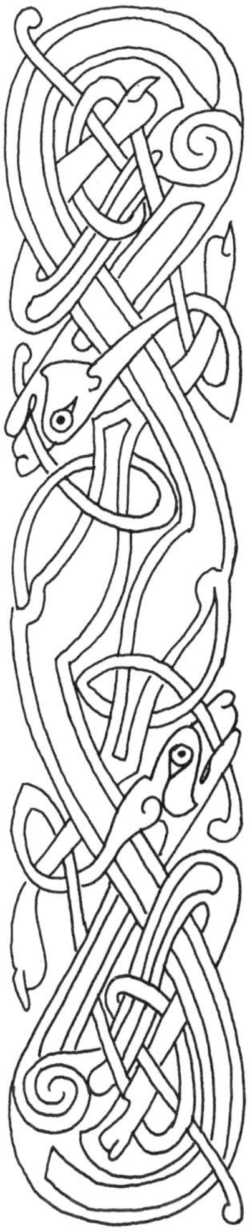

023

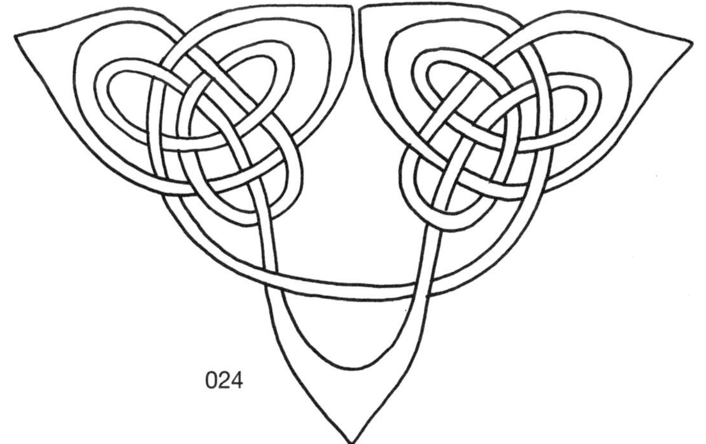

024

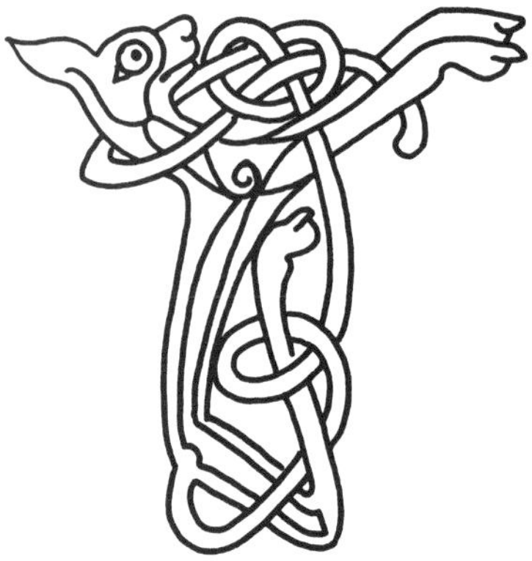

025

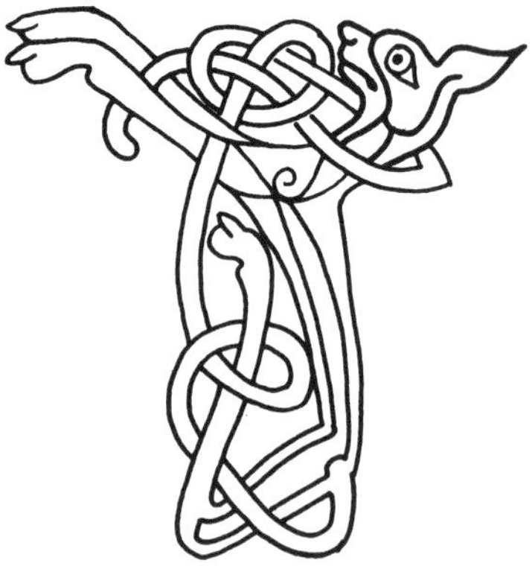

026

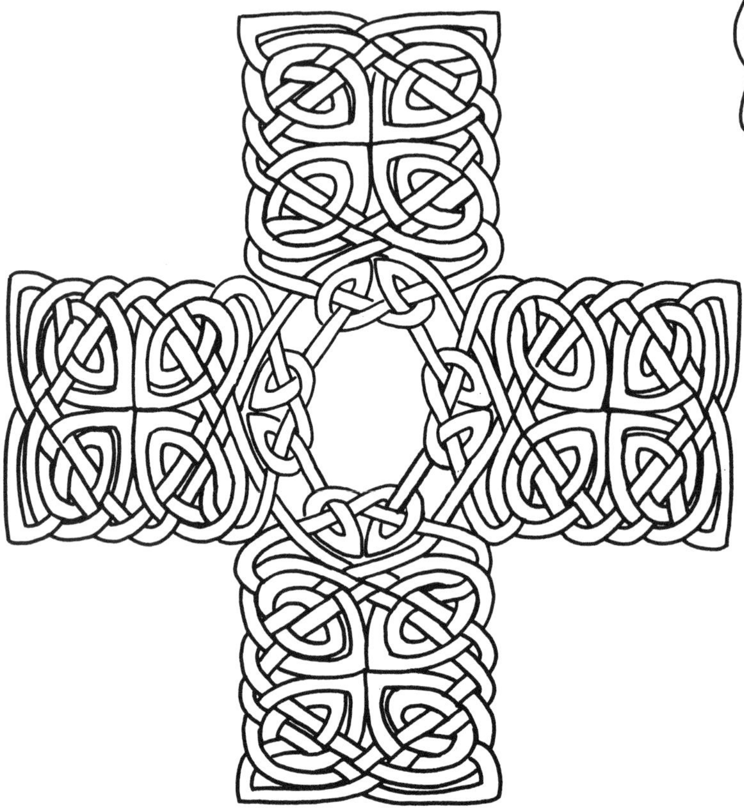

027

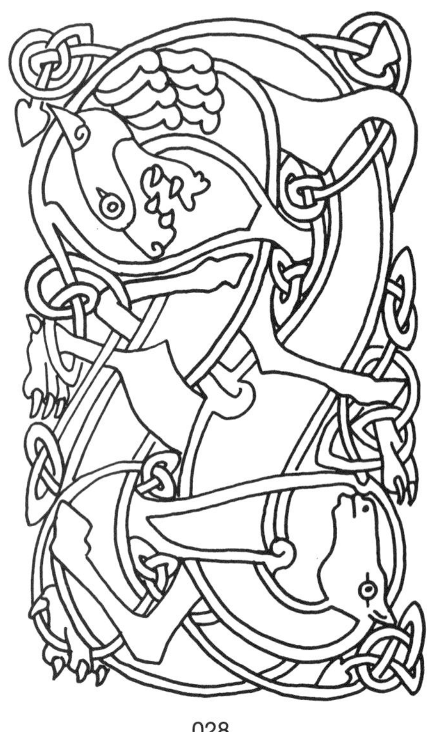

028

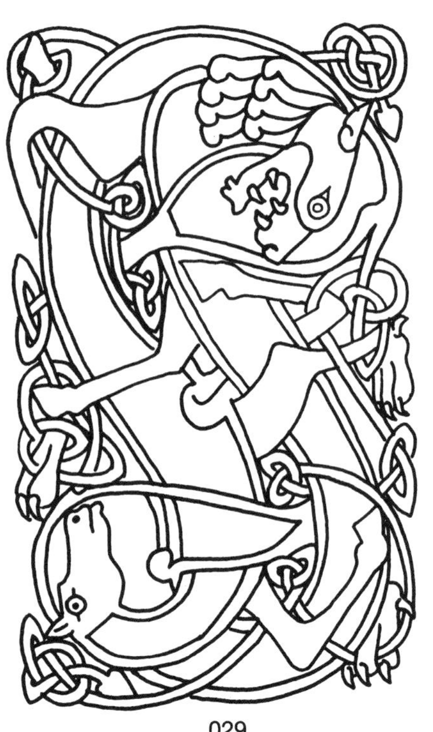

029

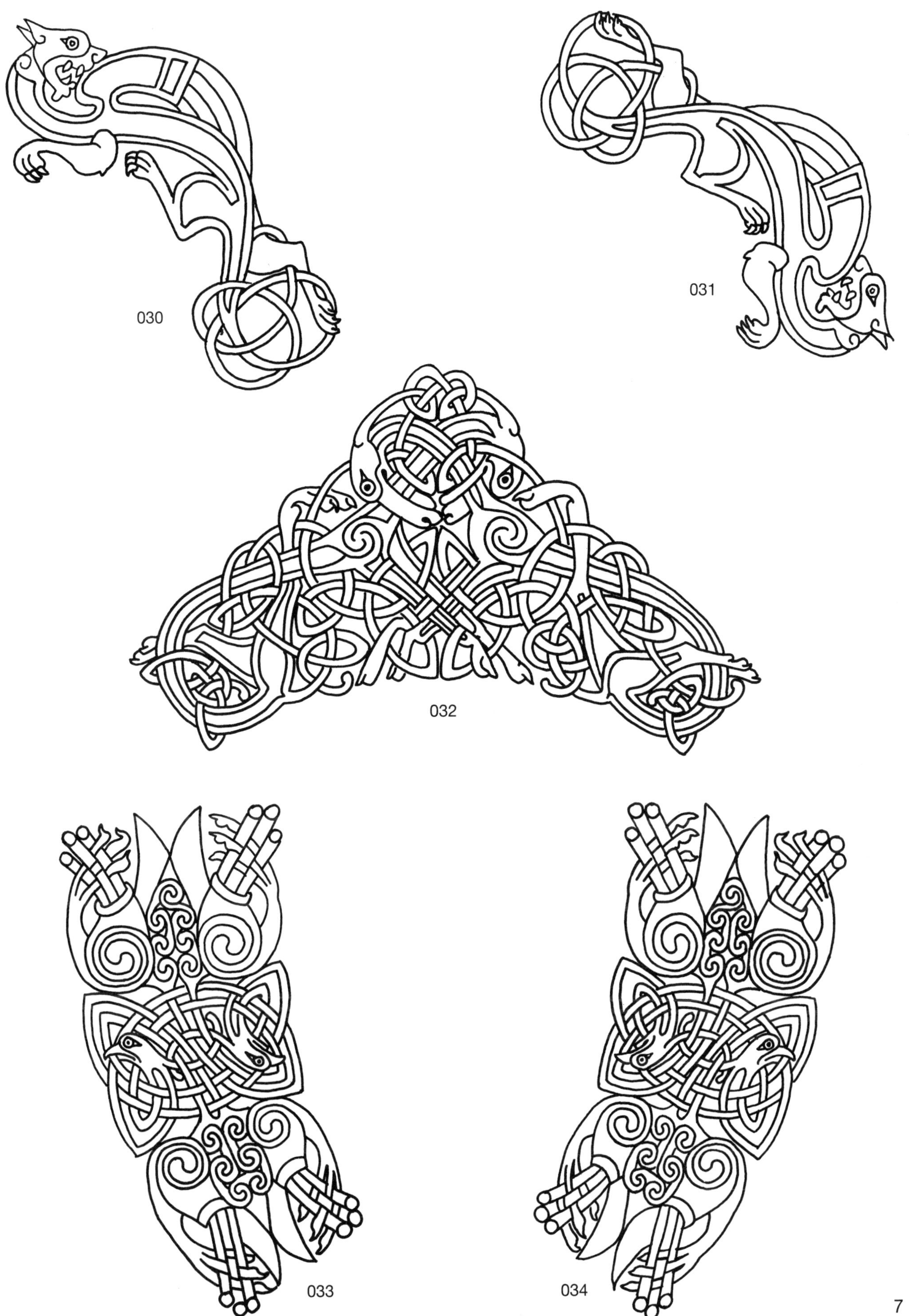
030
031
032
033
034

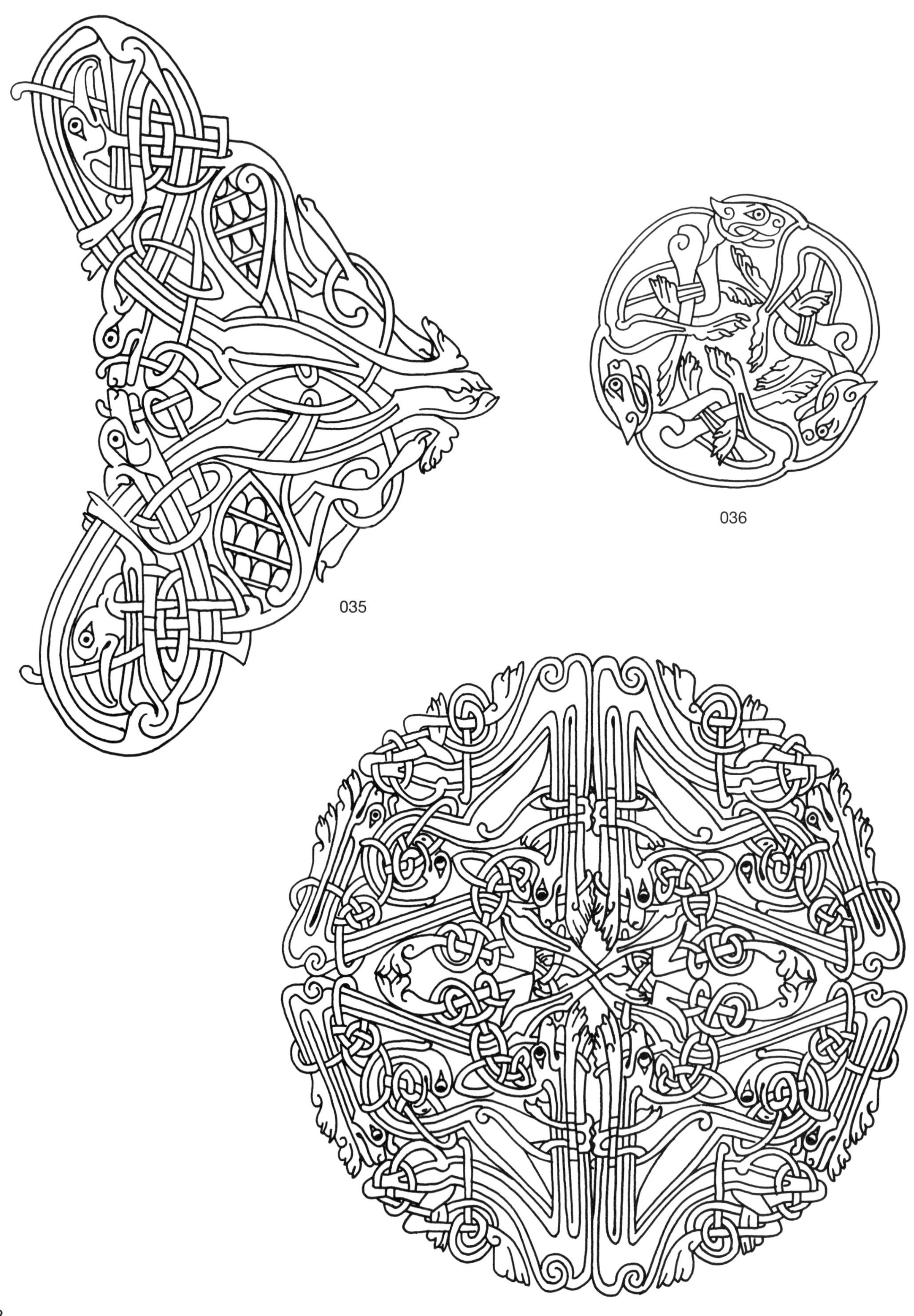
035
036
037

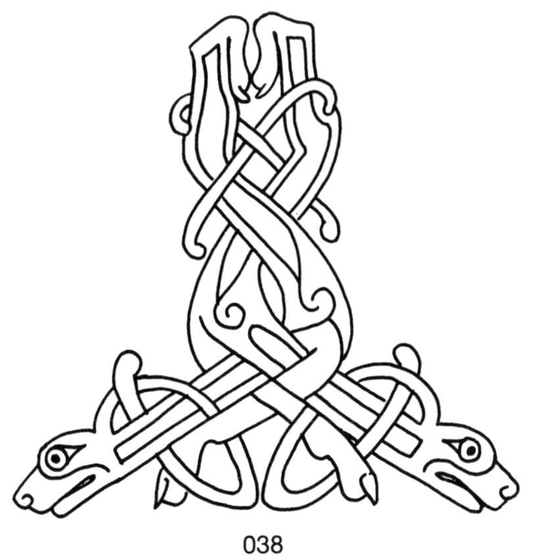
038

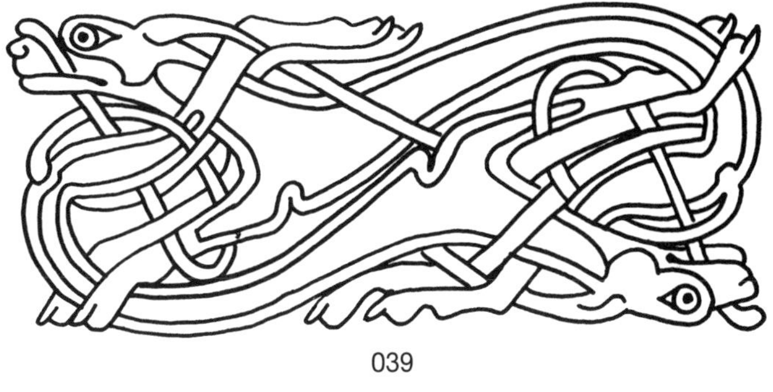
039

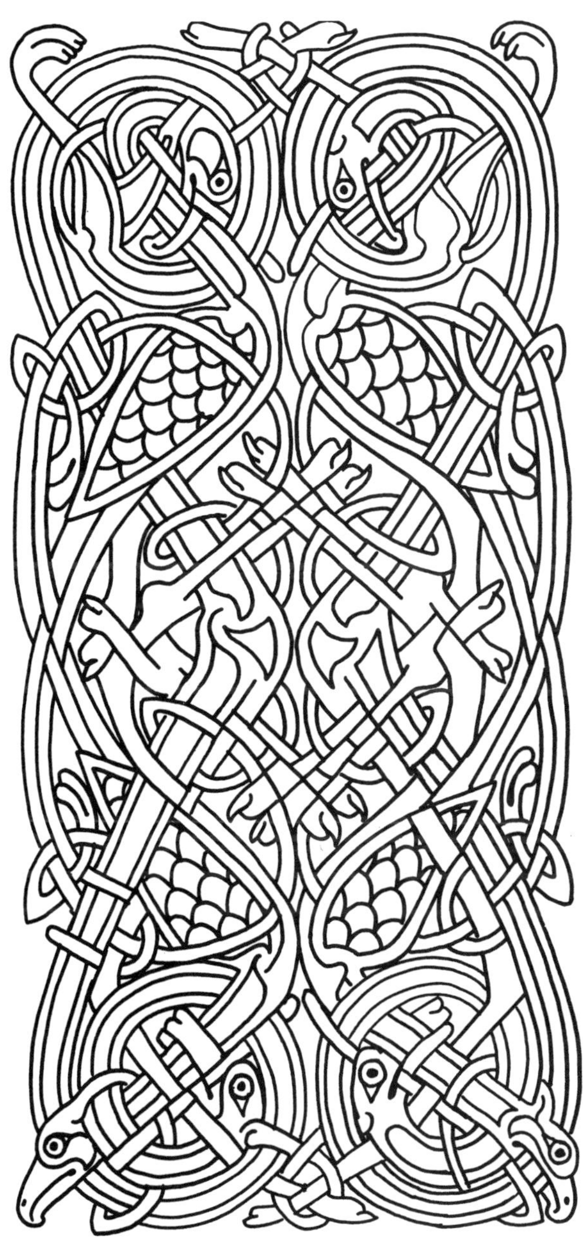
040

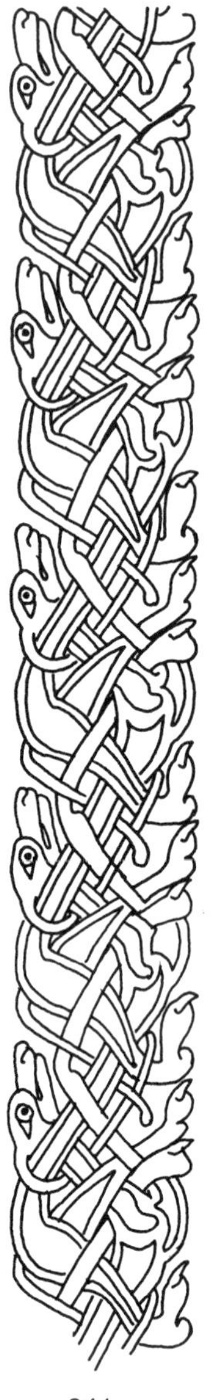

041

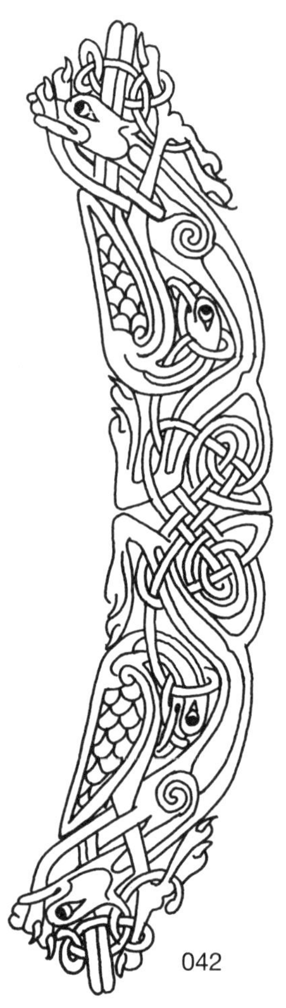

042

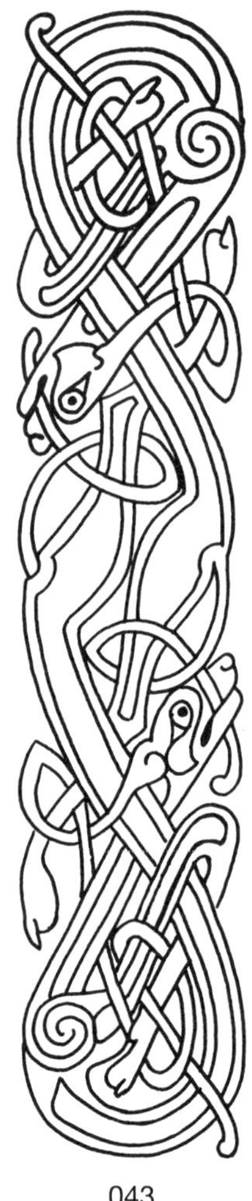

043

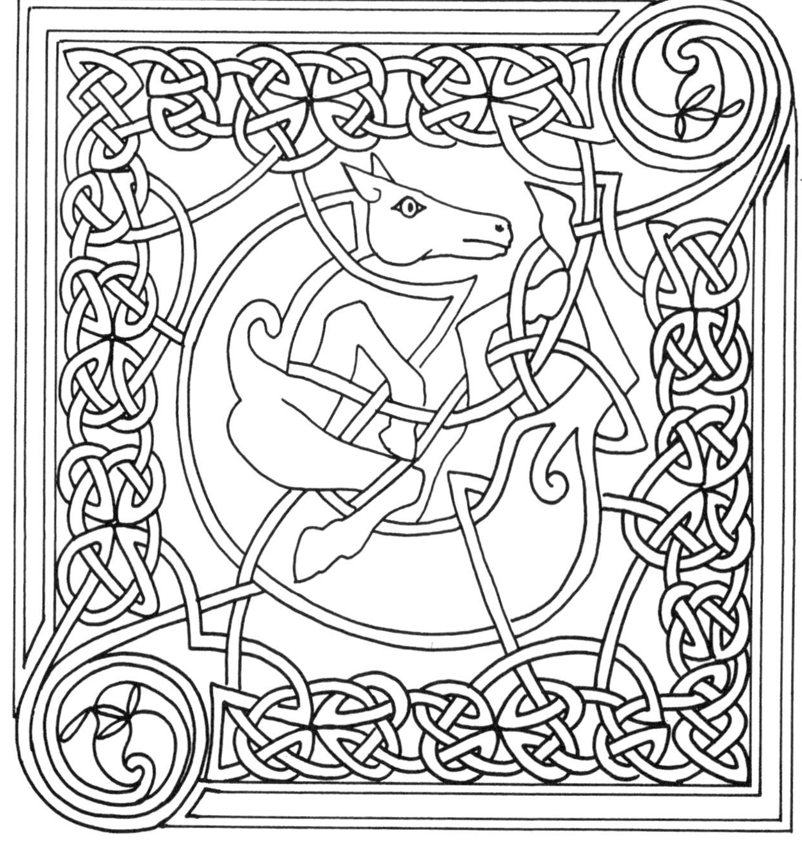

044

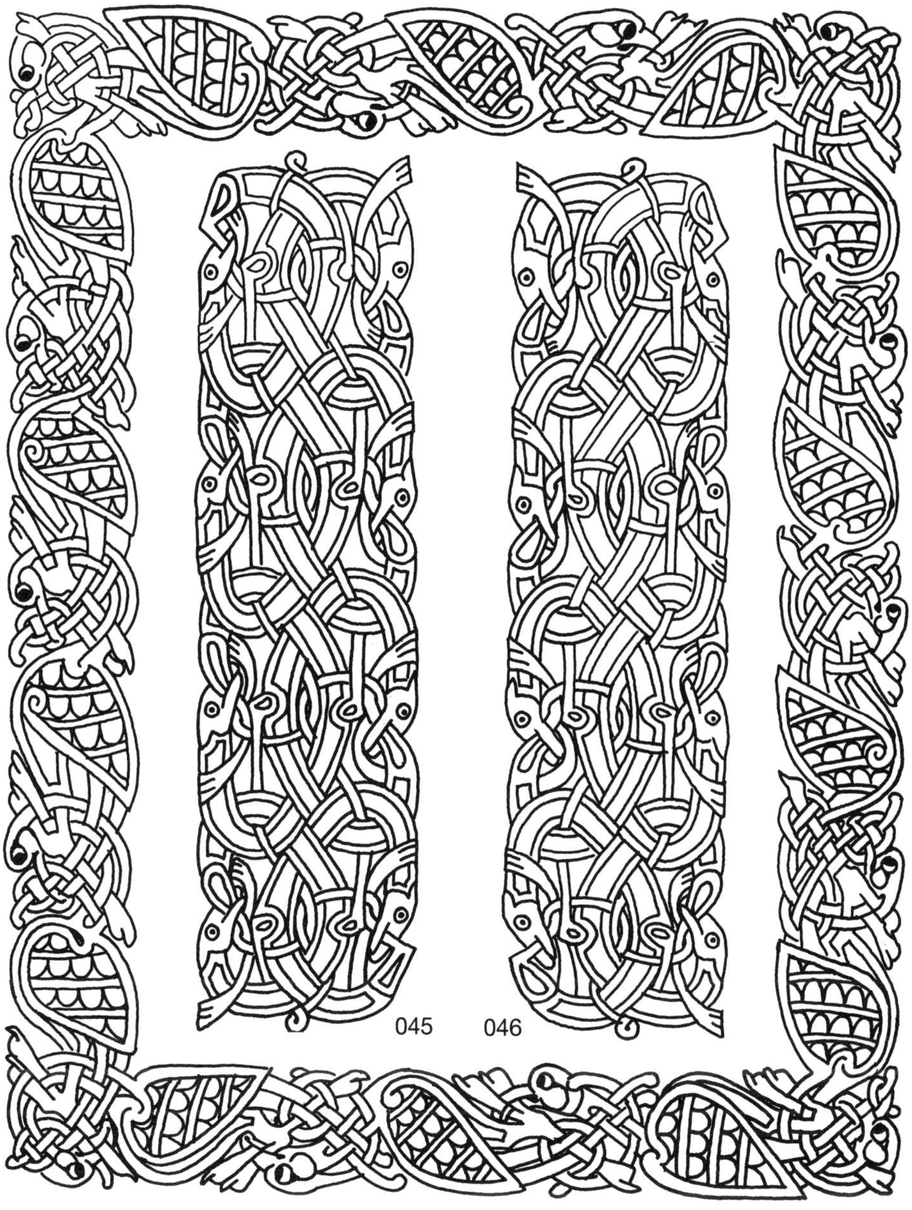

045 046

047

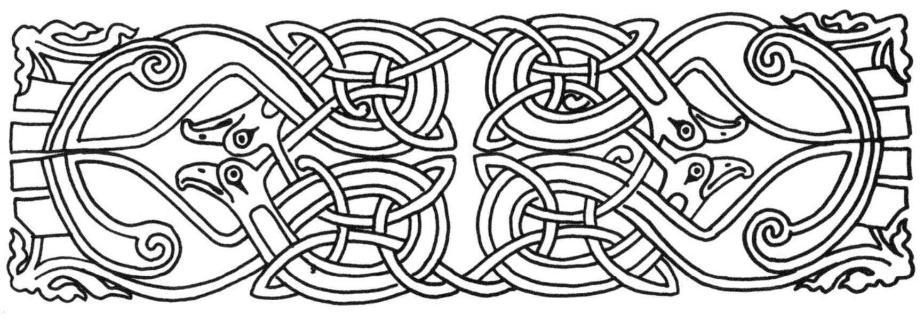

048

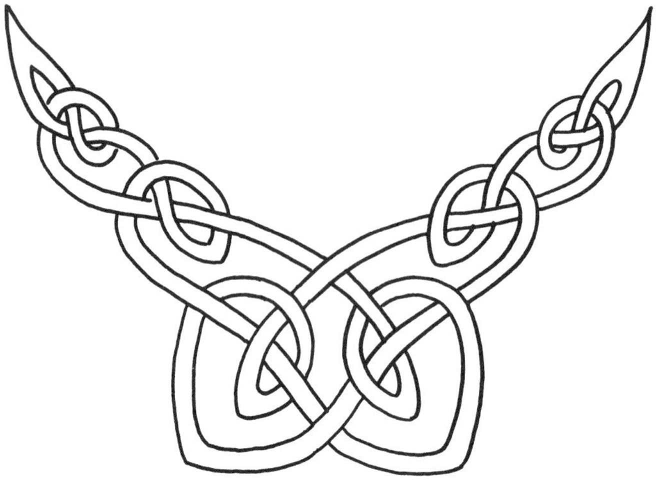

049

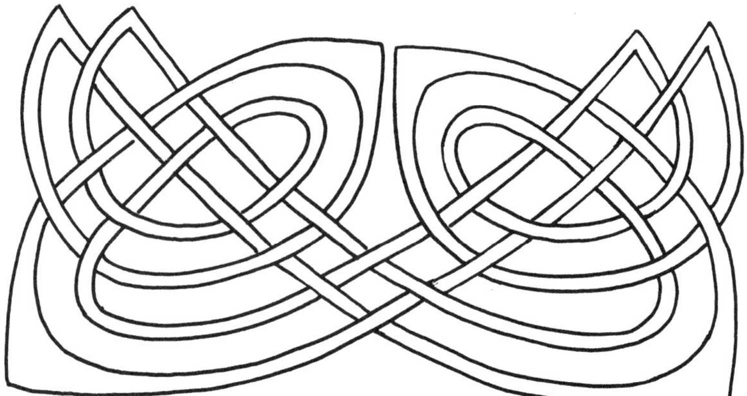

051

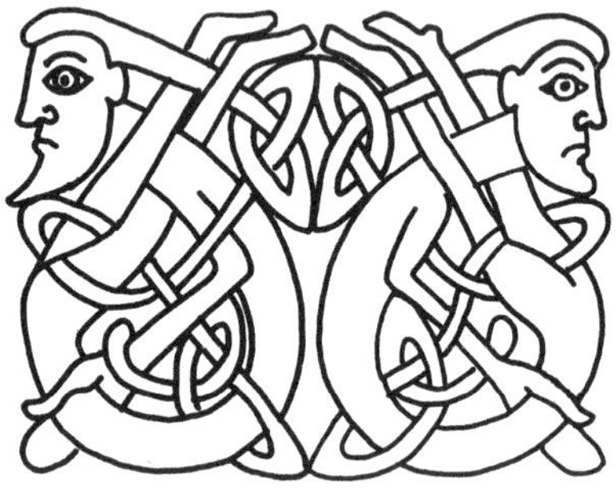

050

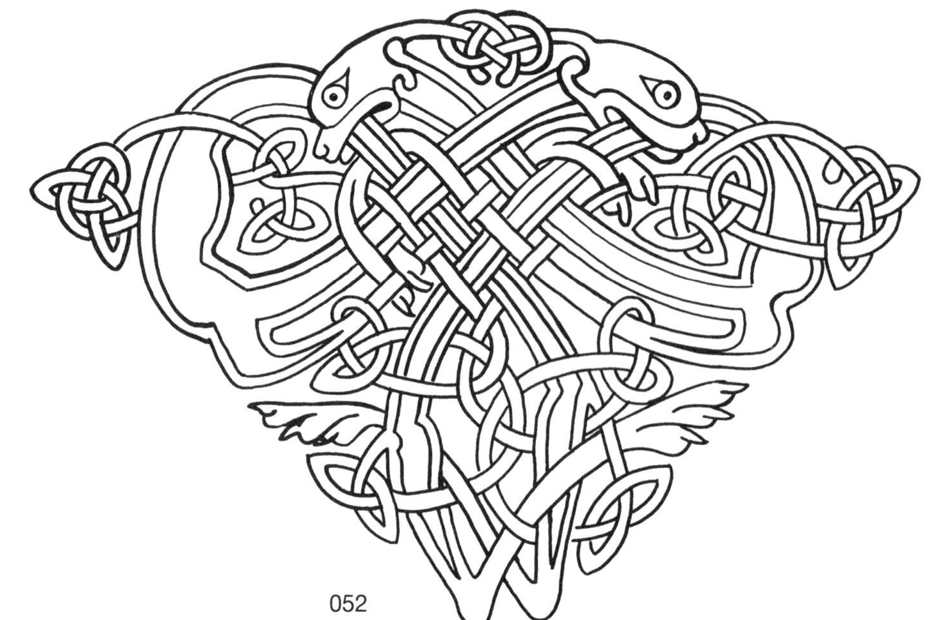

052

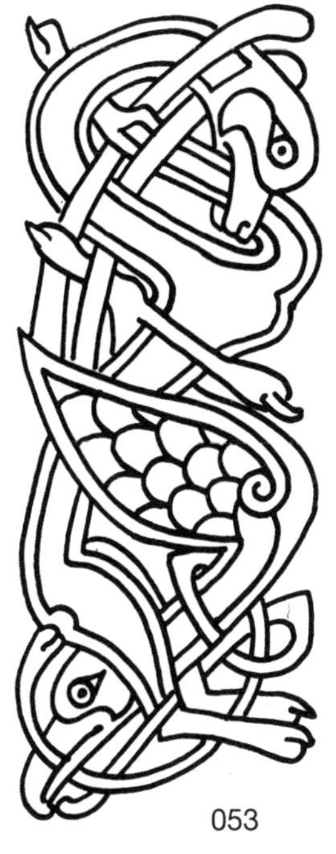
053

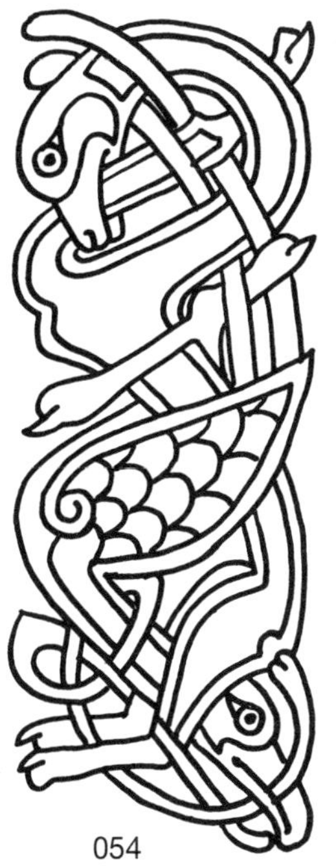
054

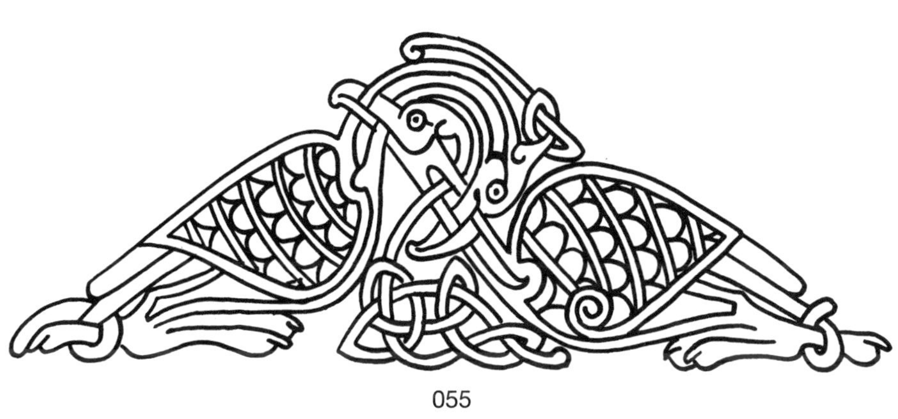
055

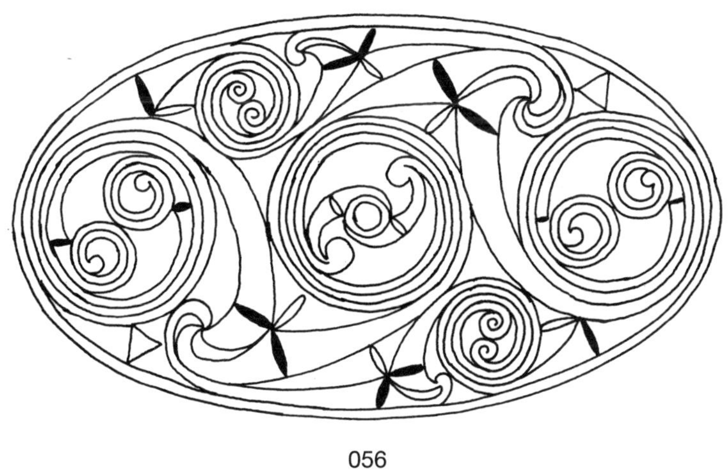
056

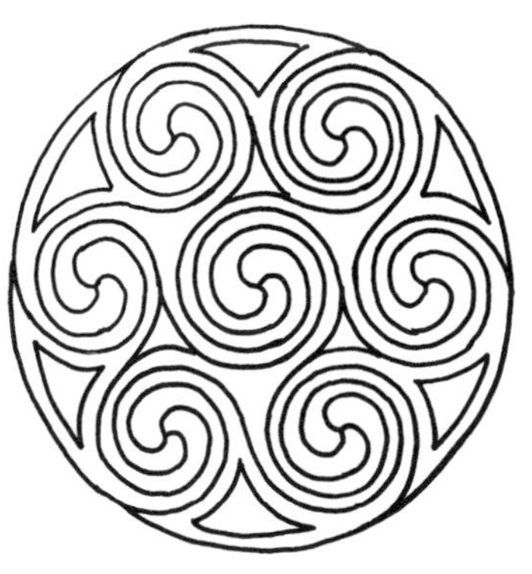
057

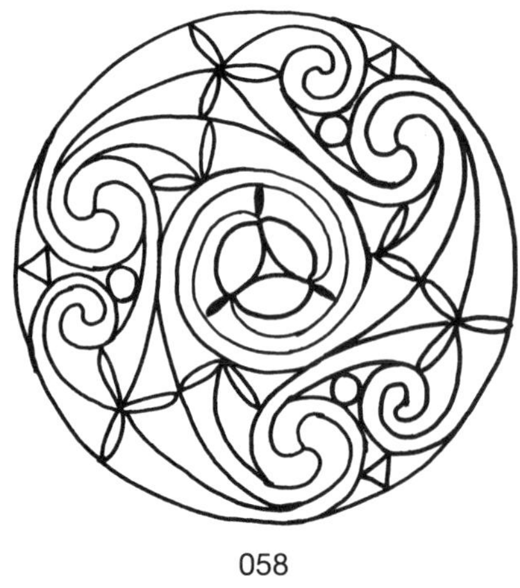

058

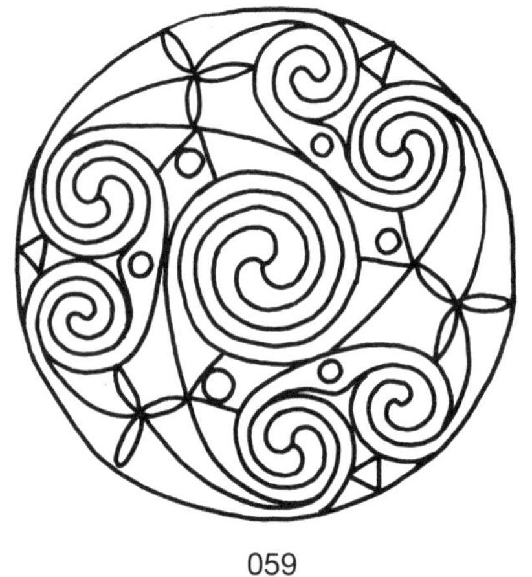

059

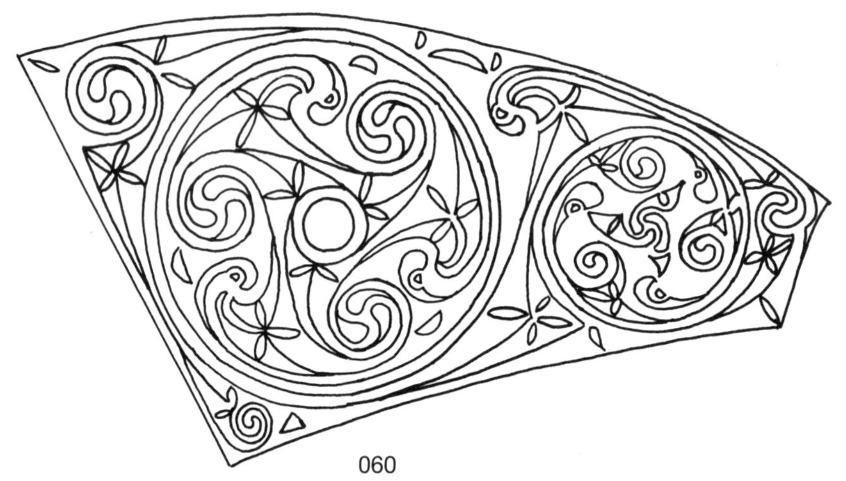

060

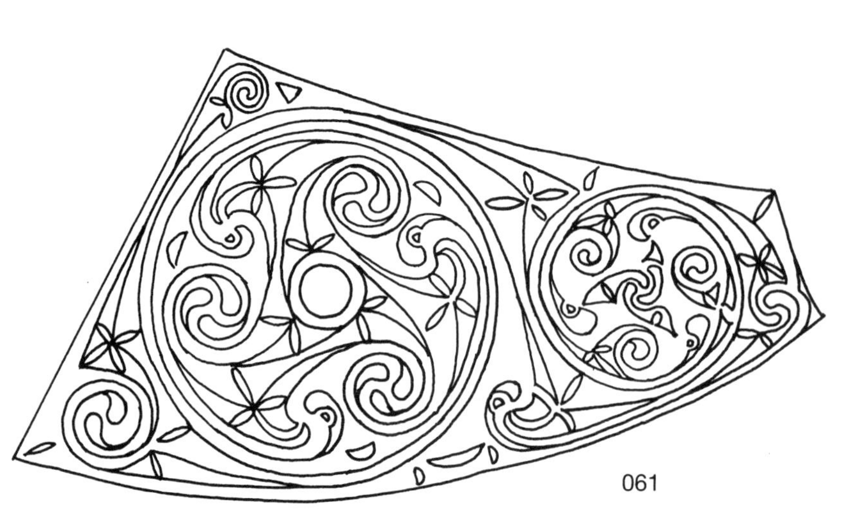

061

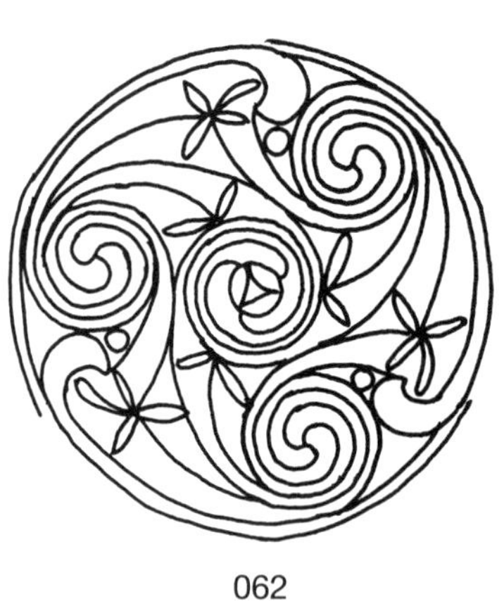

062

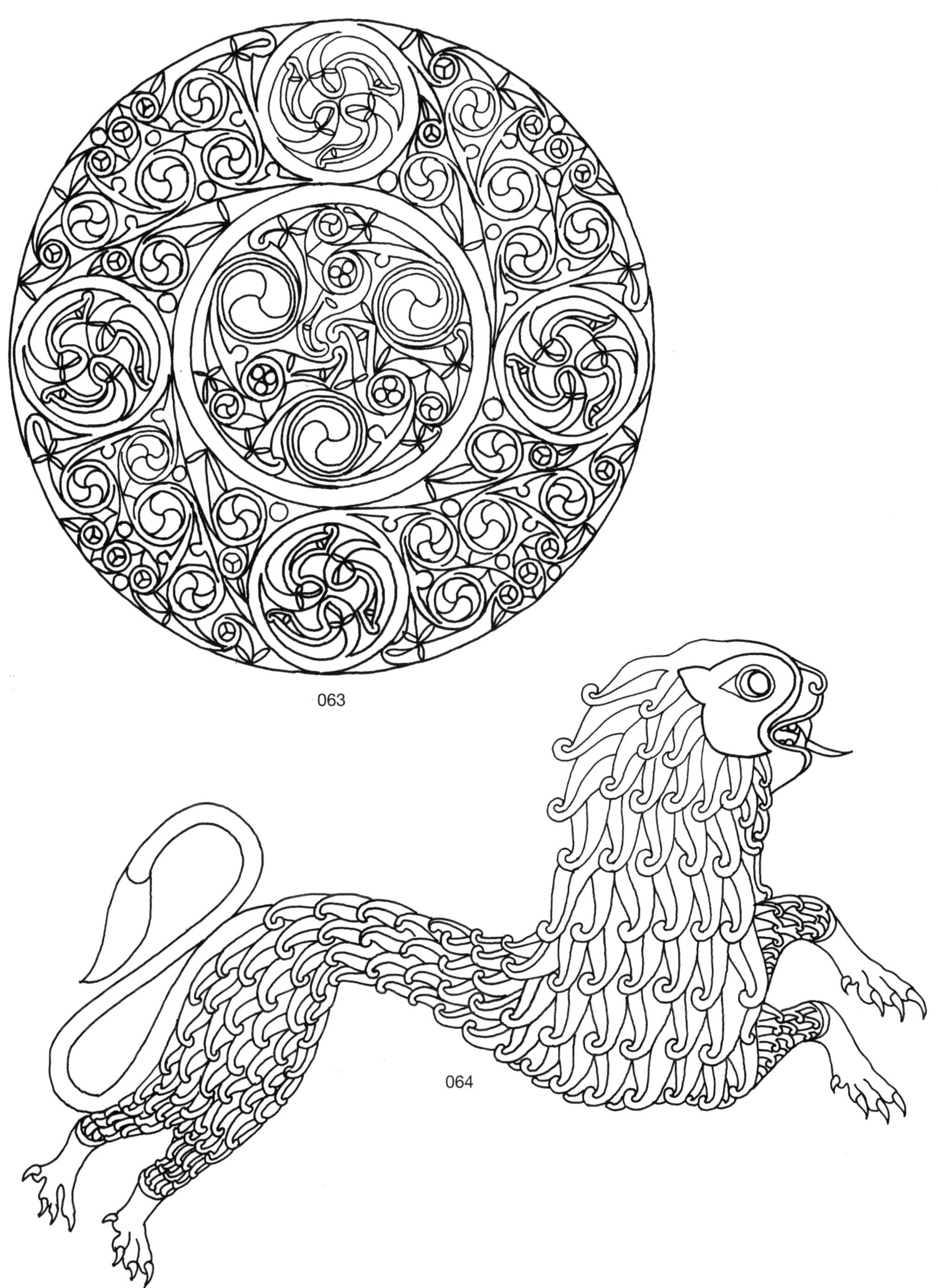

063

064

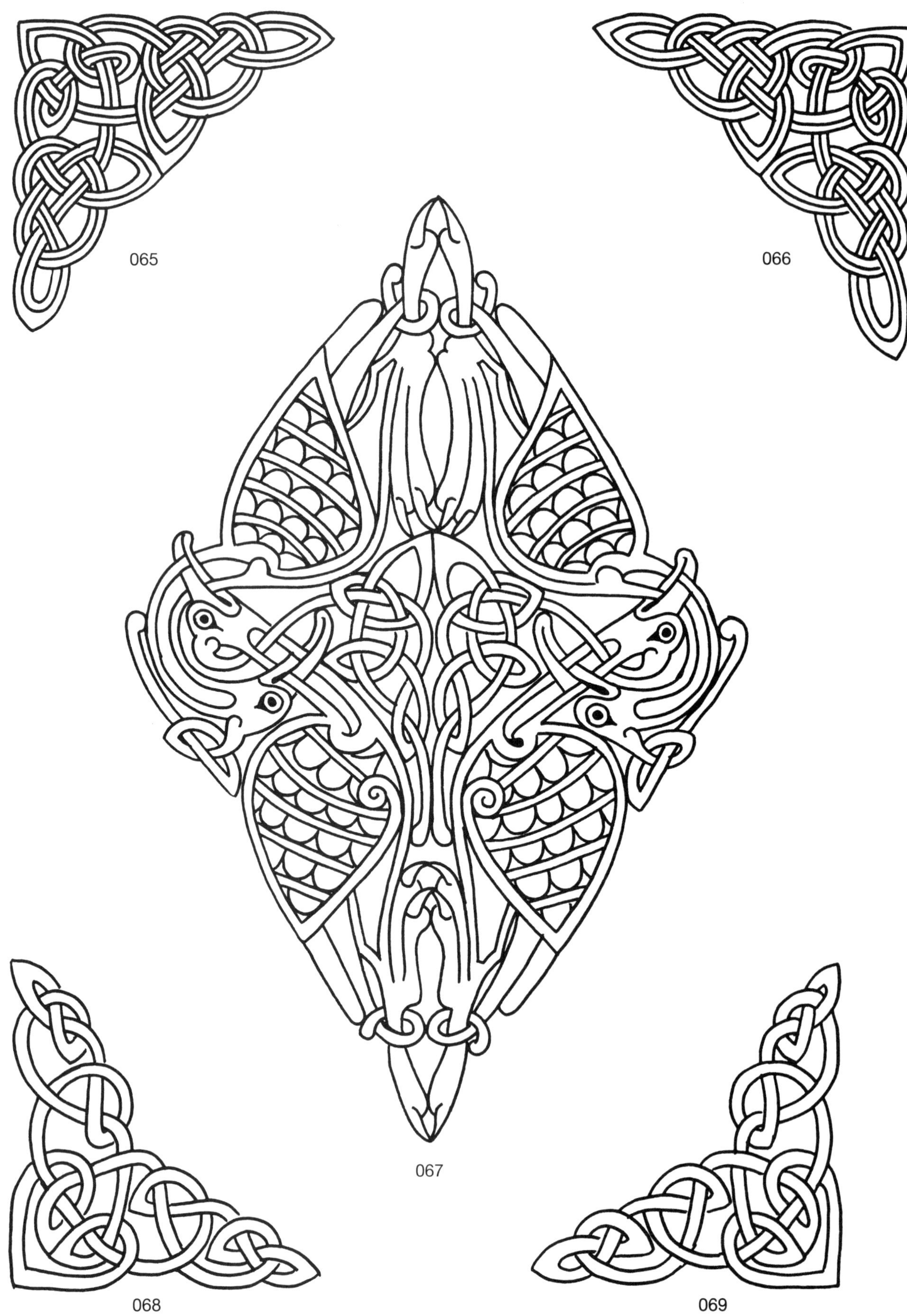

065

066

067

068

069

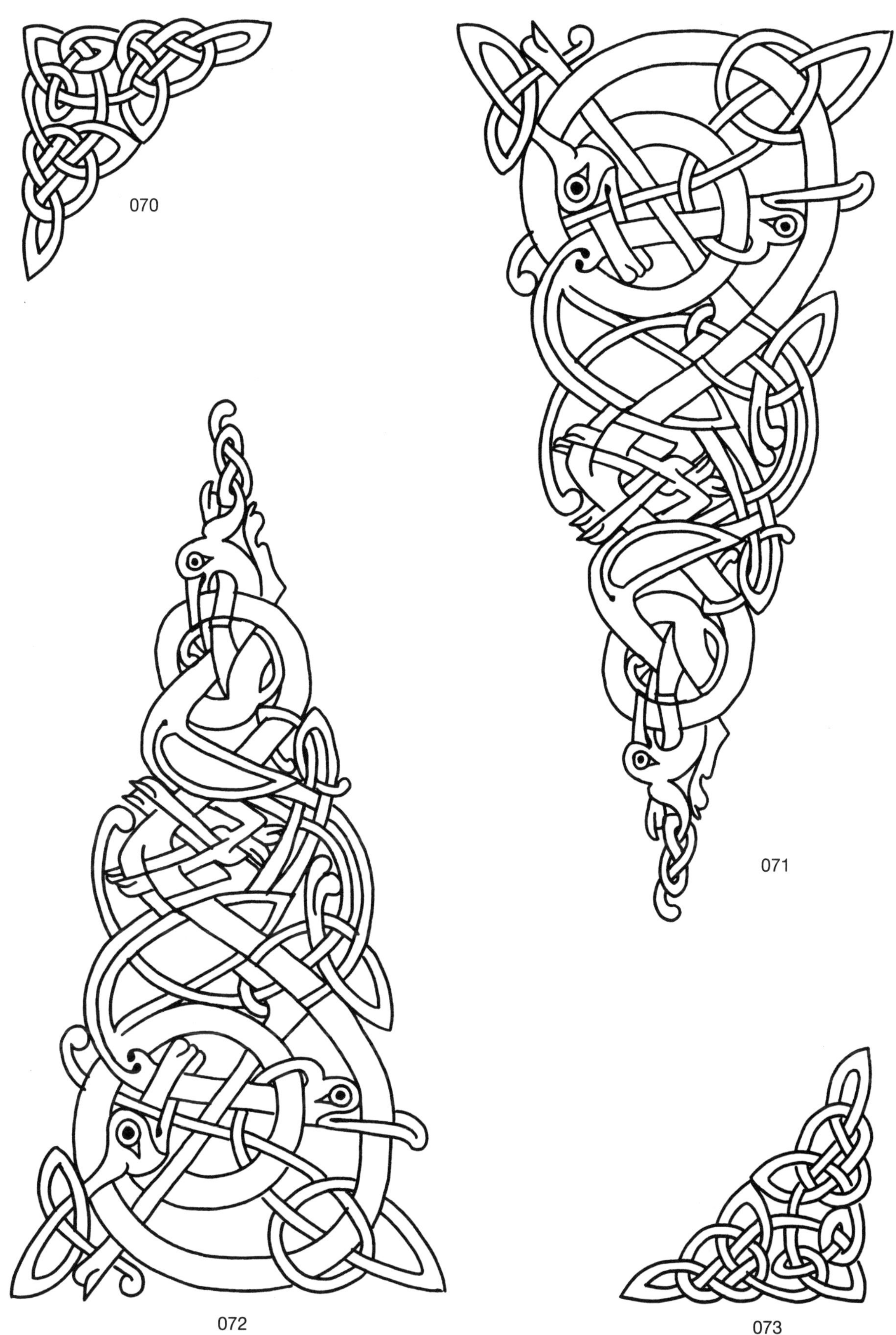

070

071

072

073

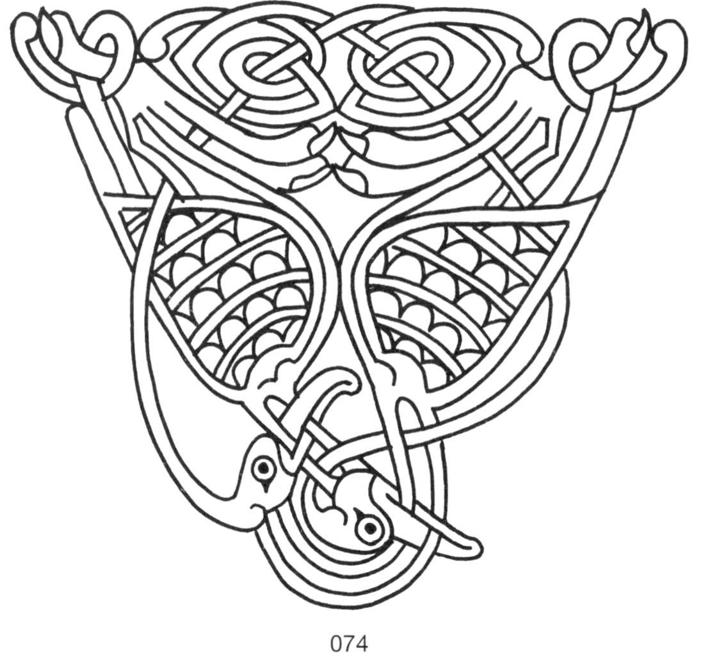

074

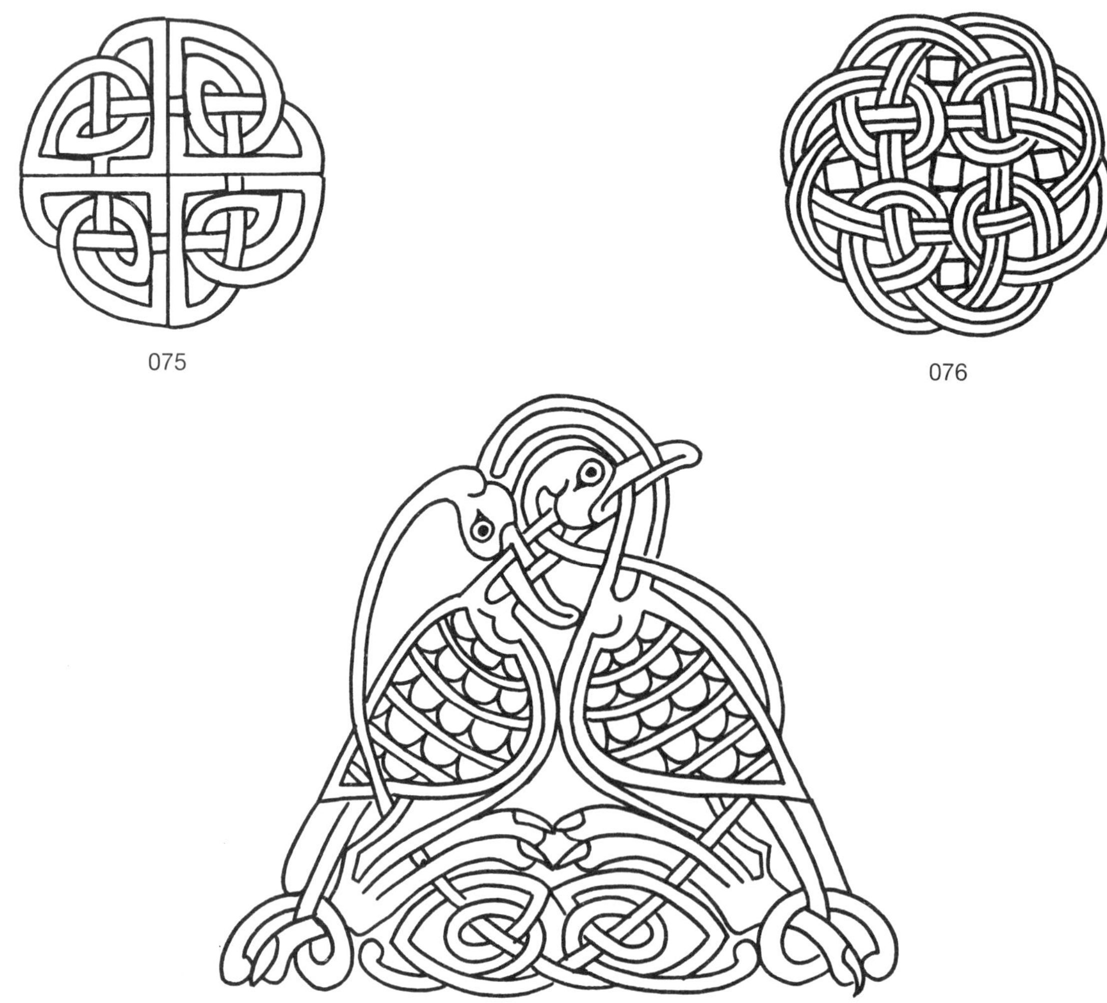

075

076

077

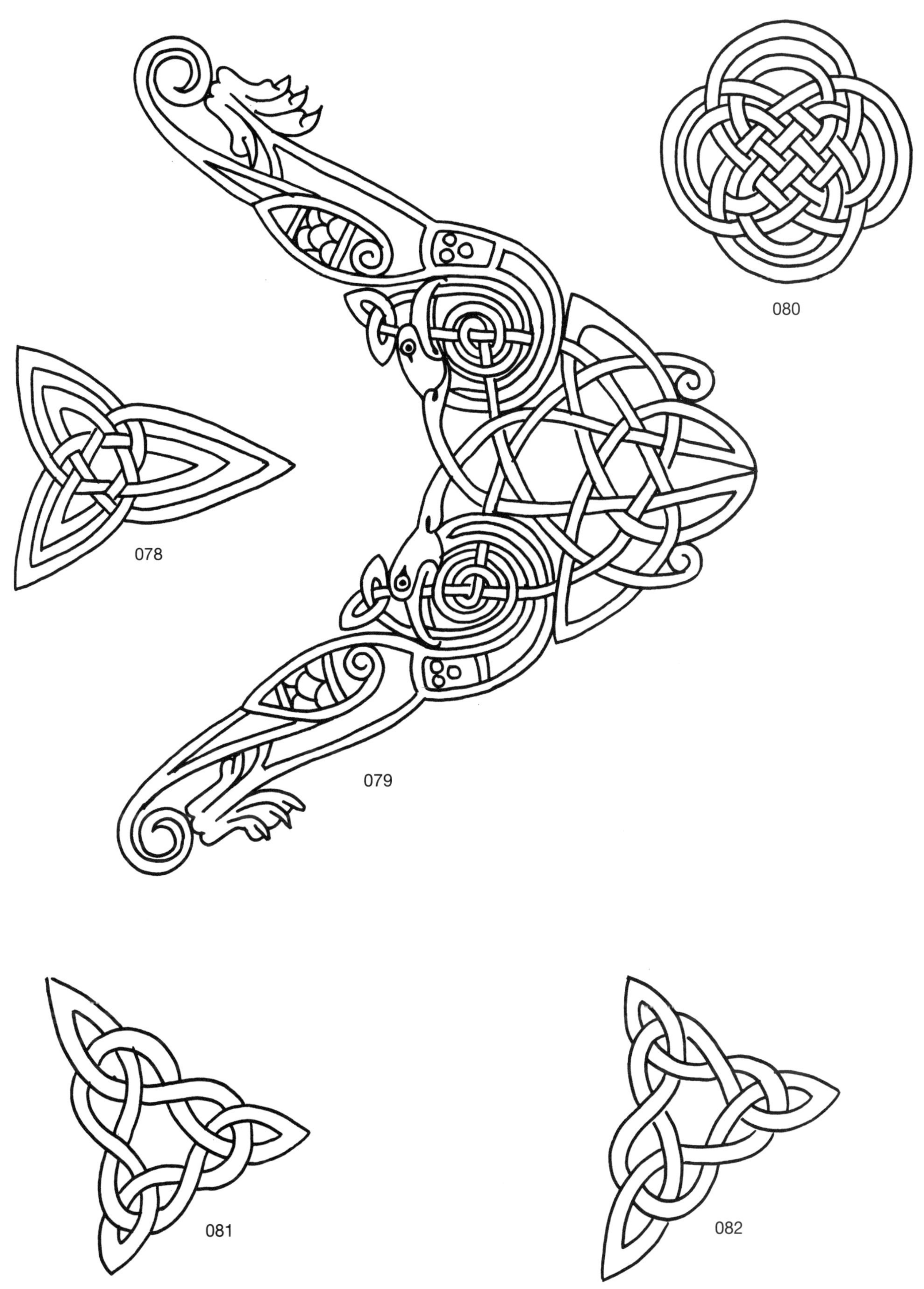
080
078
079
081
082

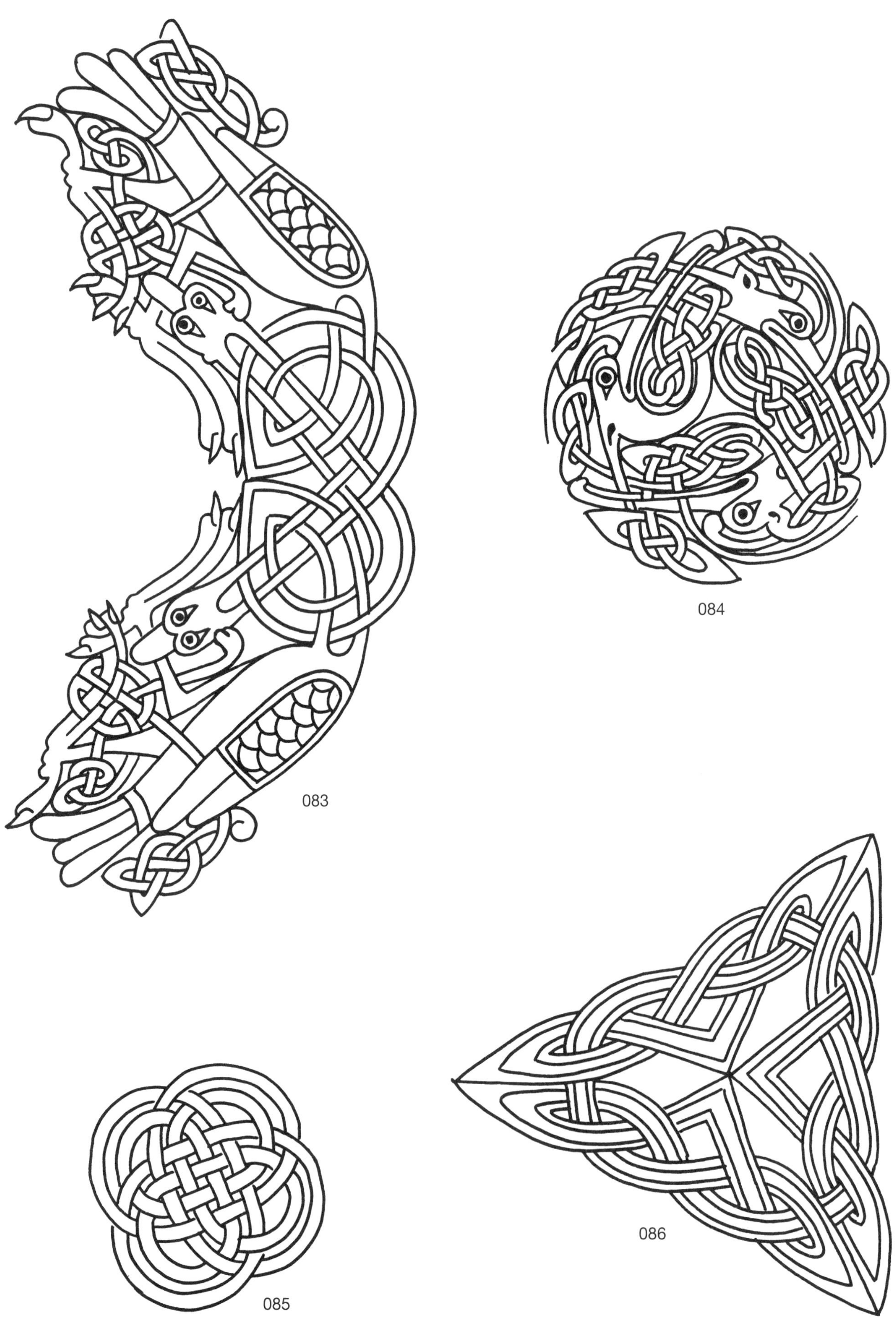
083
084
085
086

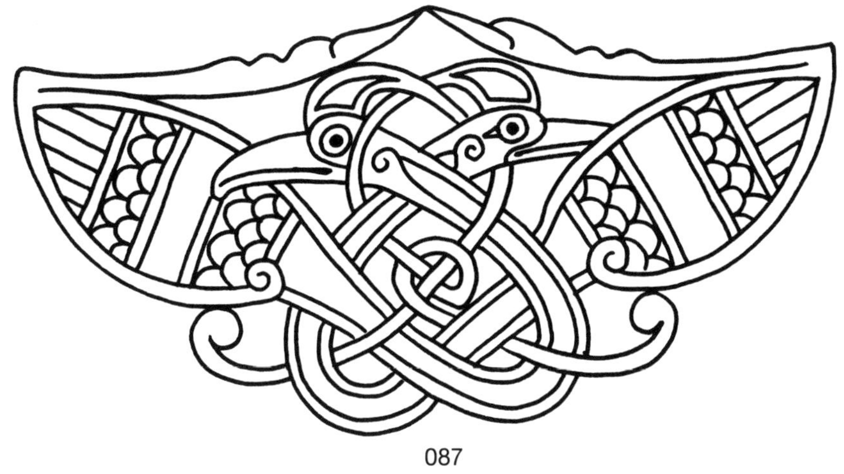

087

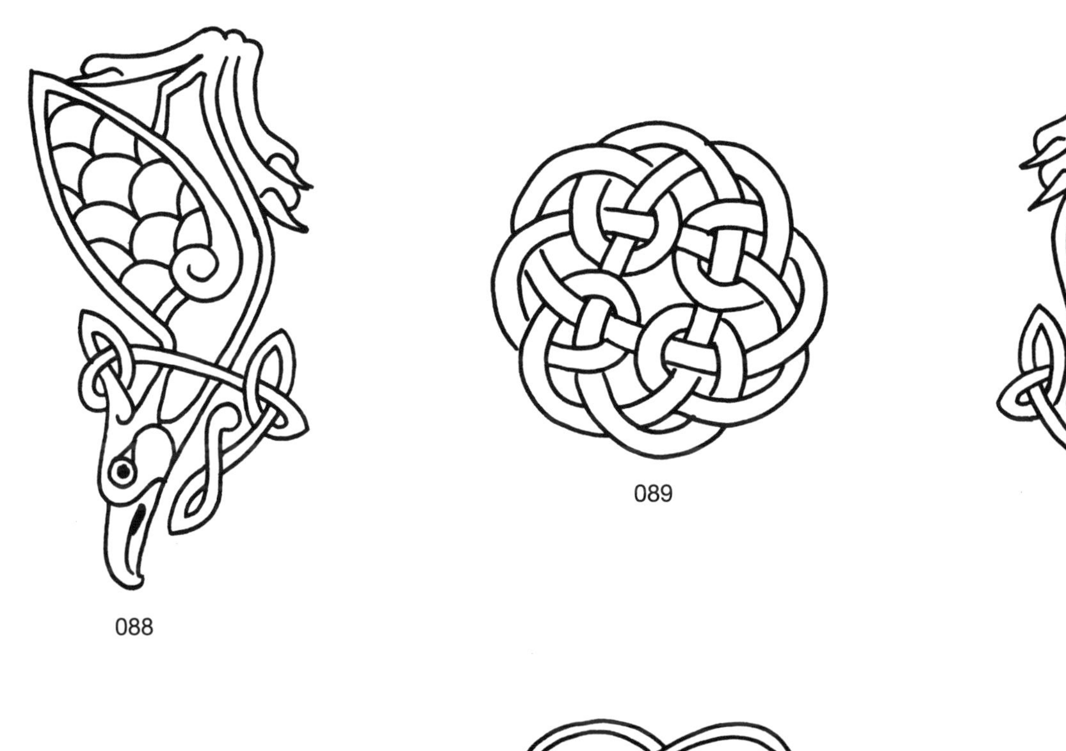

089

088

090

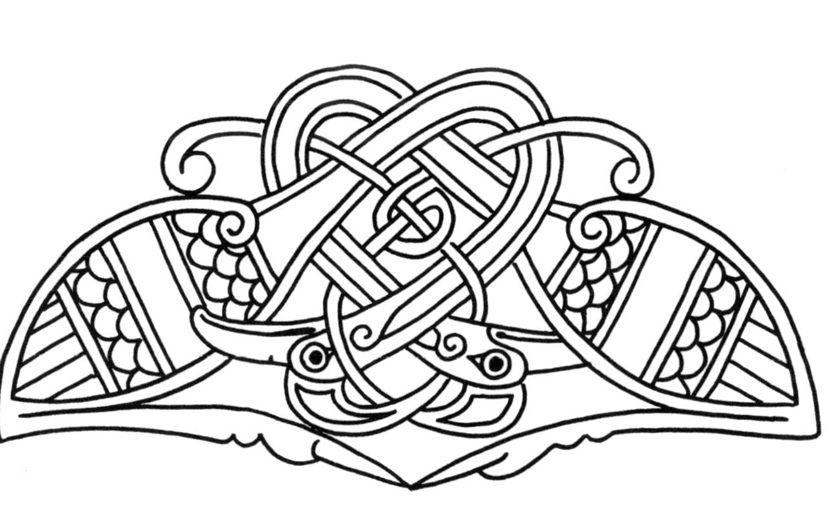

091

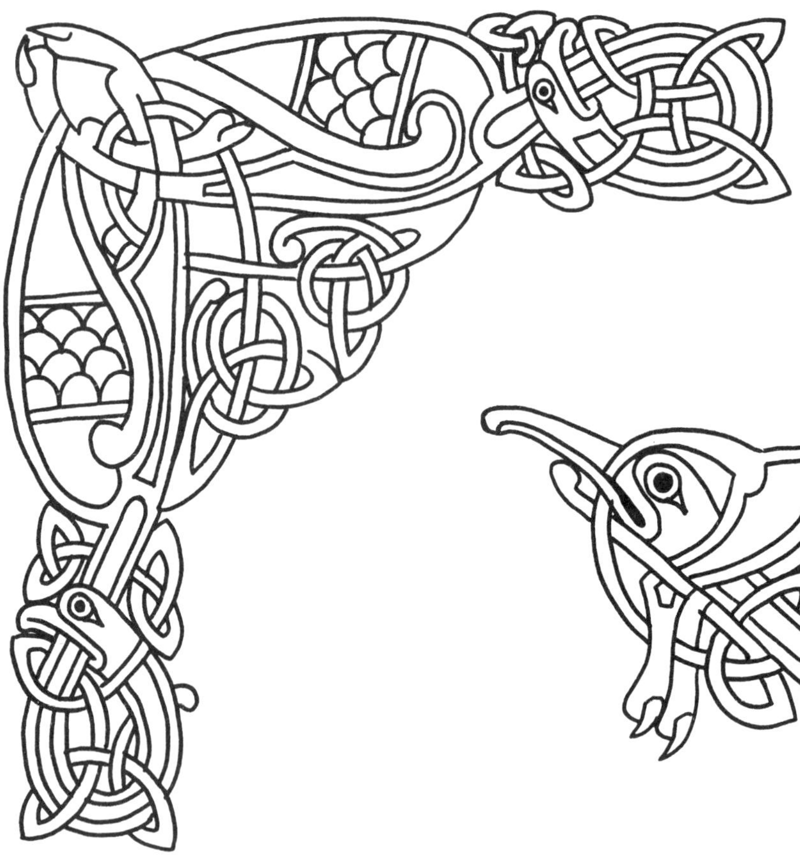

093

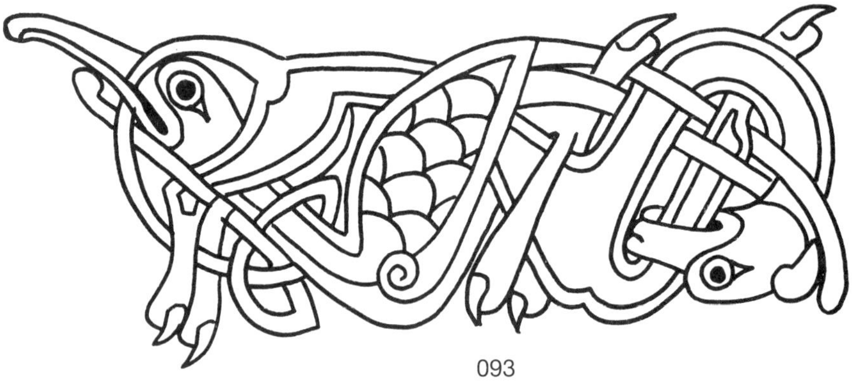

092

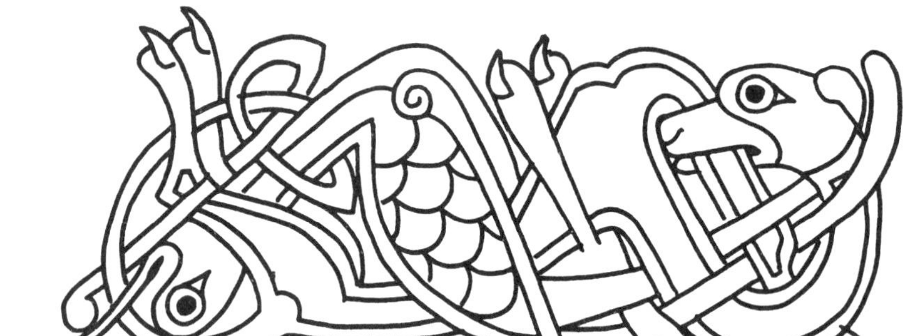

094

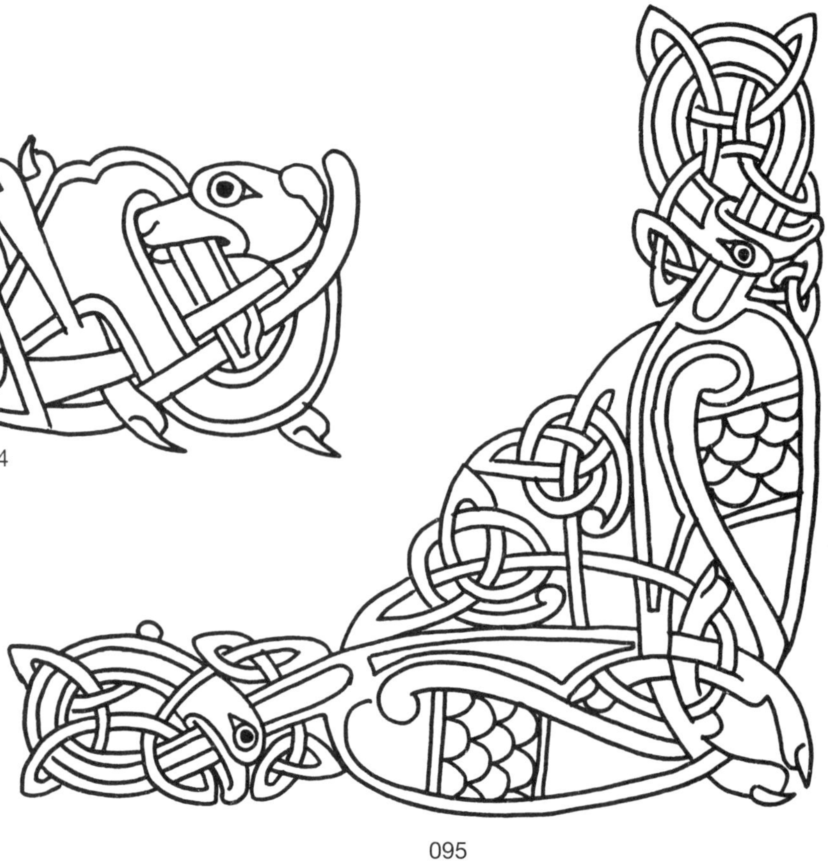

095

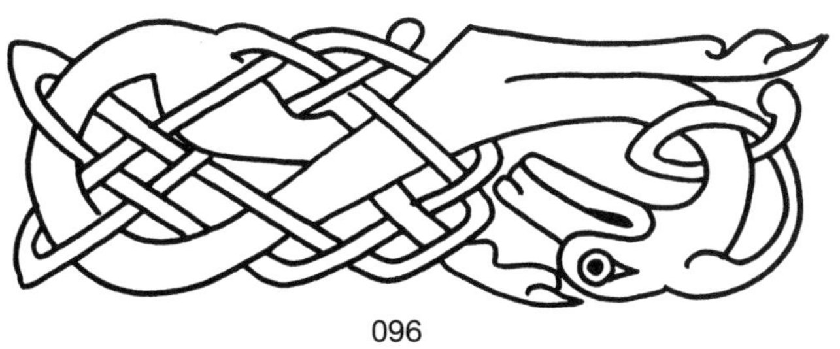

096

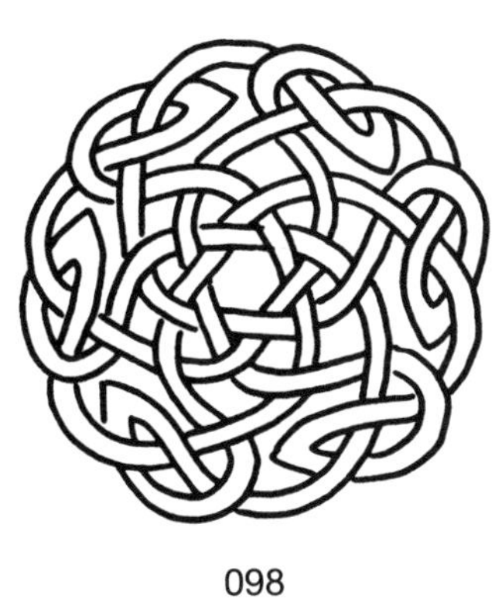

098

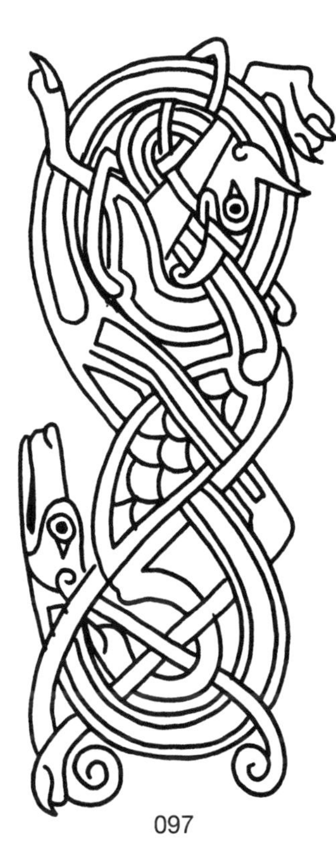

097

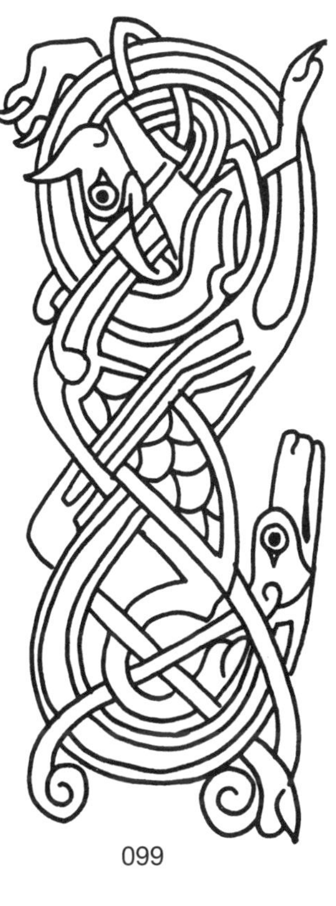

099

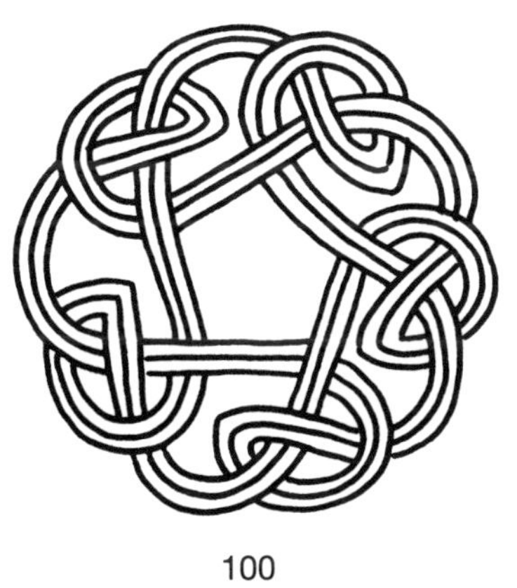

100

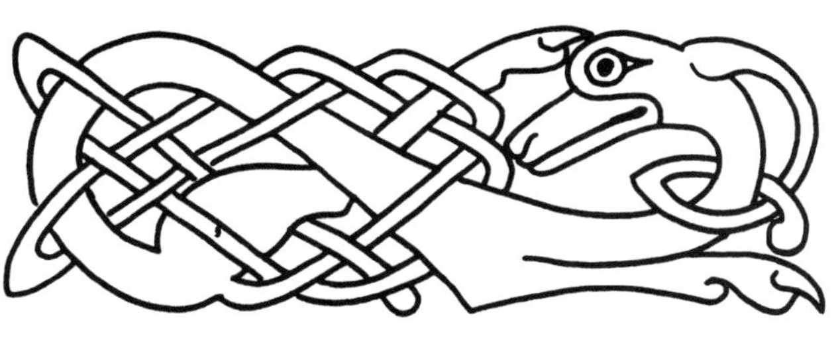

101

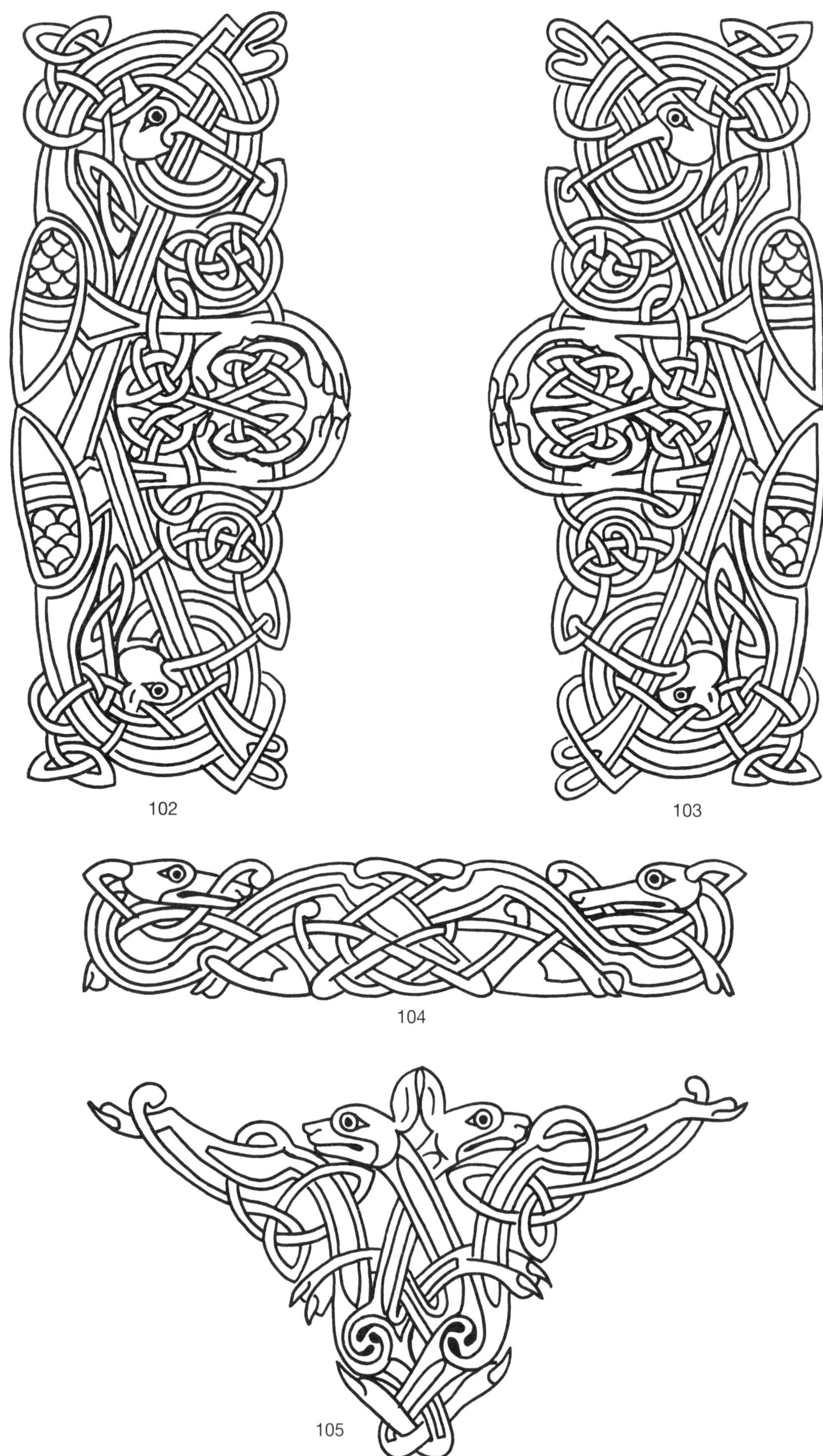
102
103
104
105

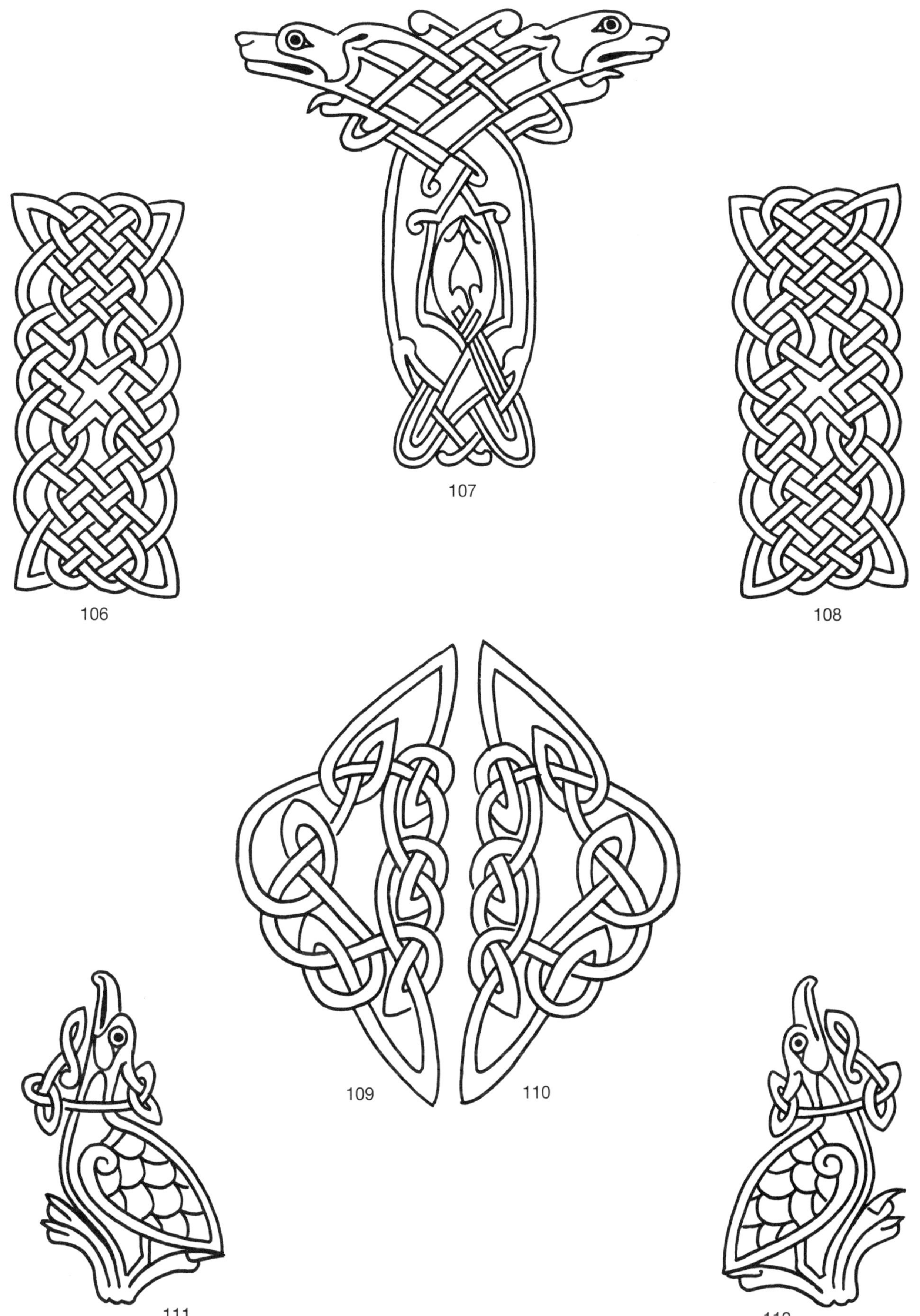
107
106
108
109
110
111
112

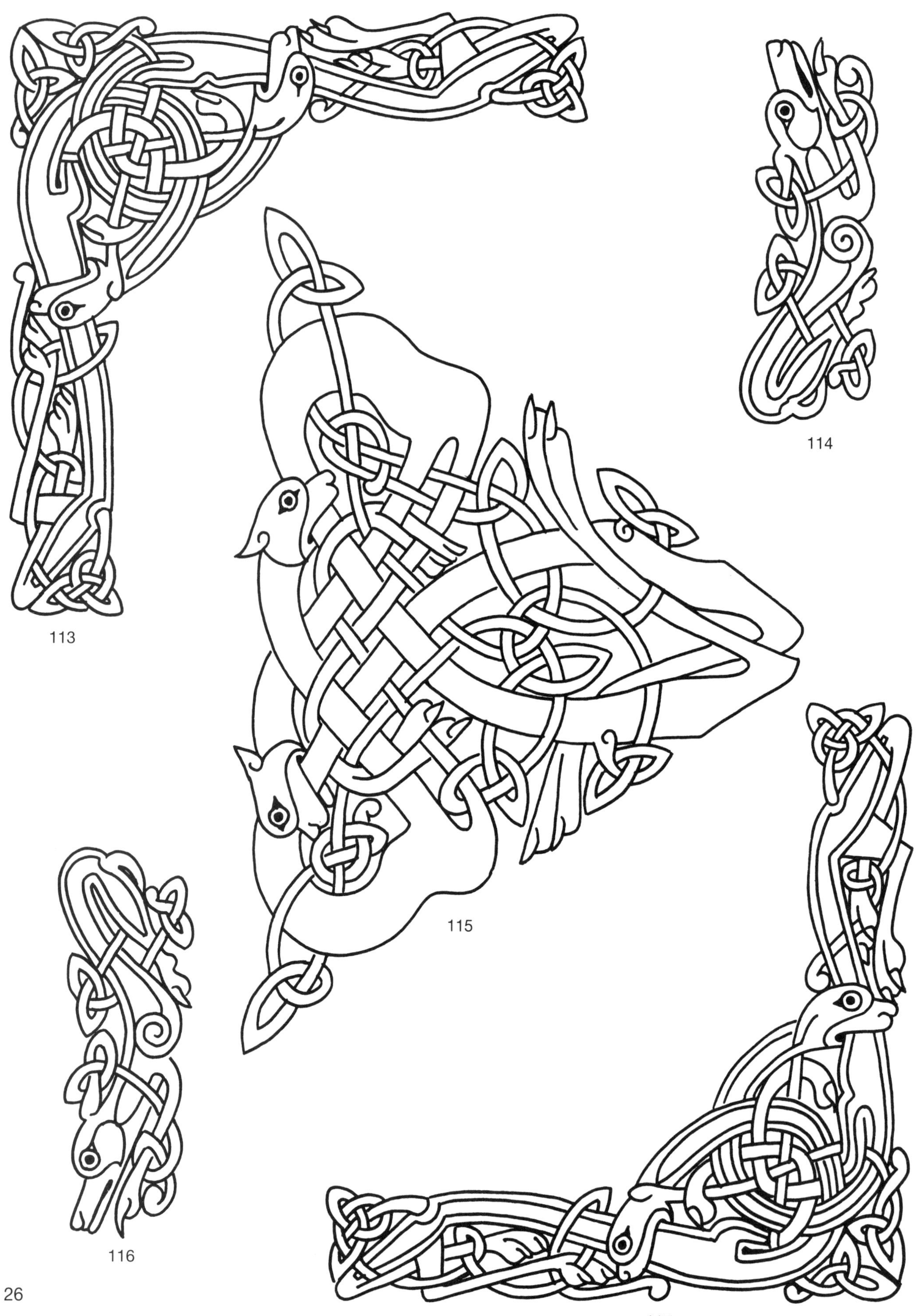

113

114

115

116

117

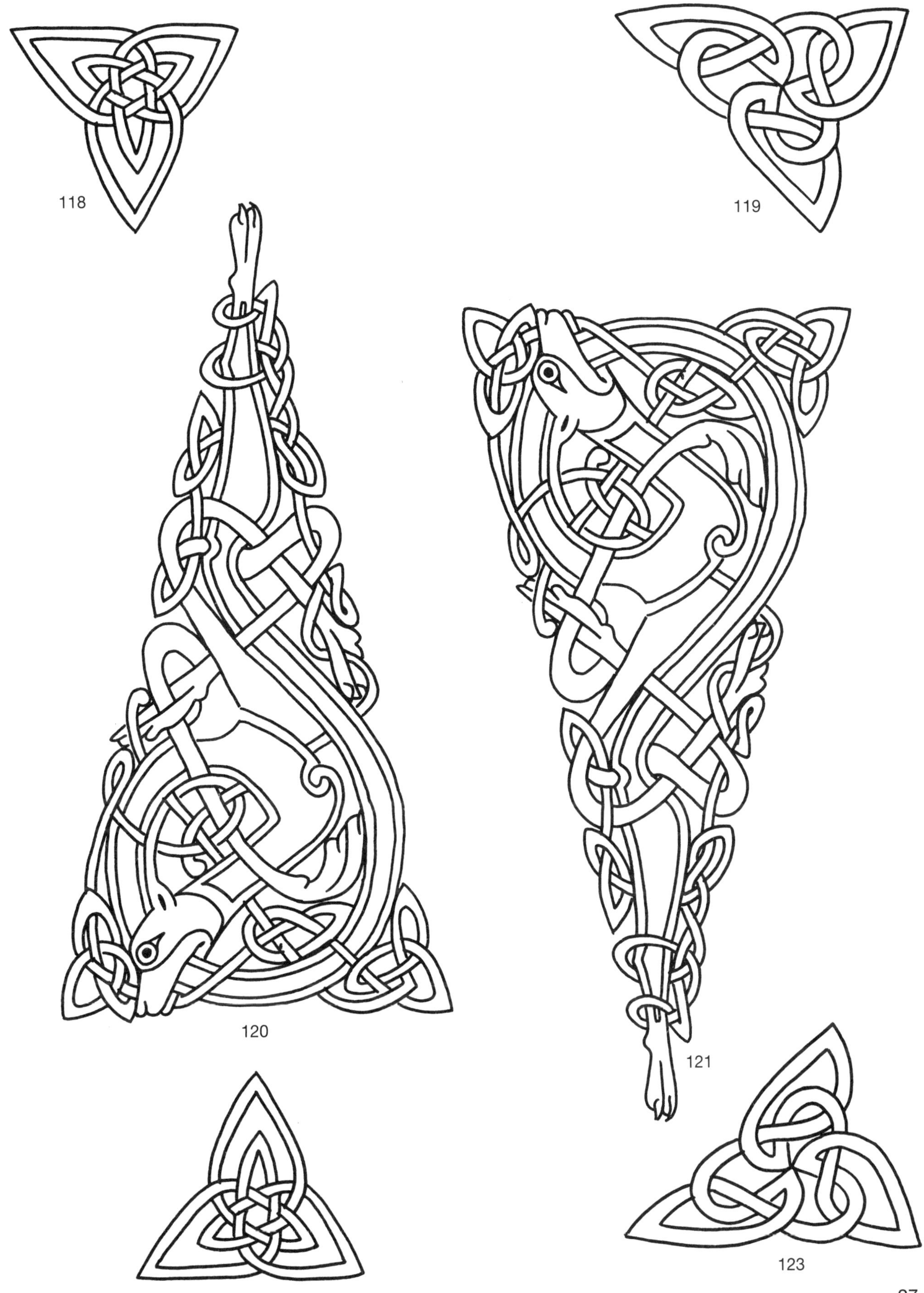

118

119

120

121

122

123

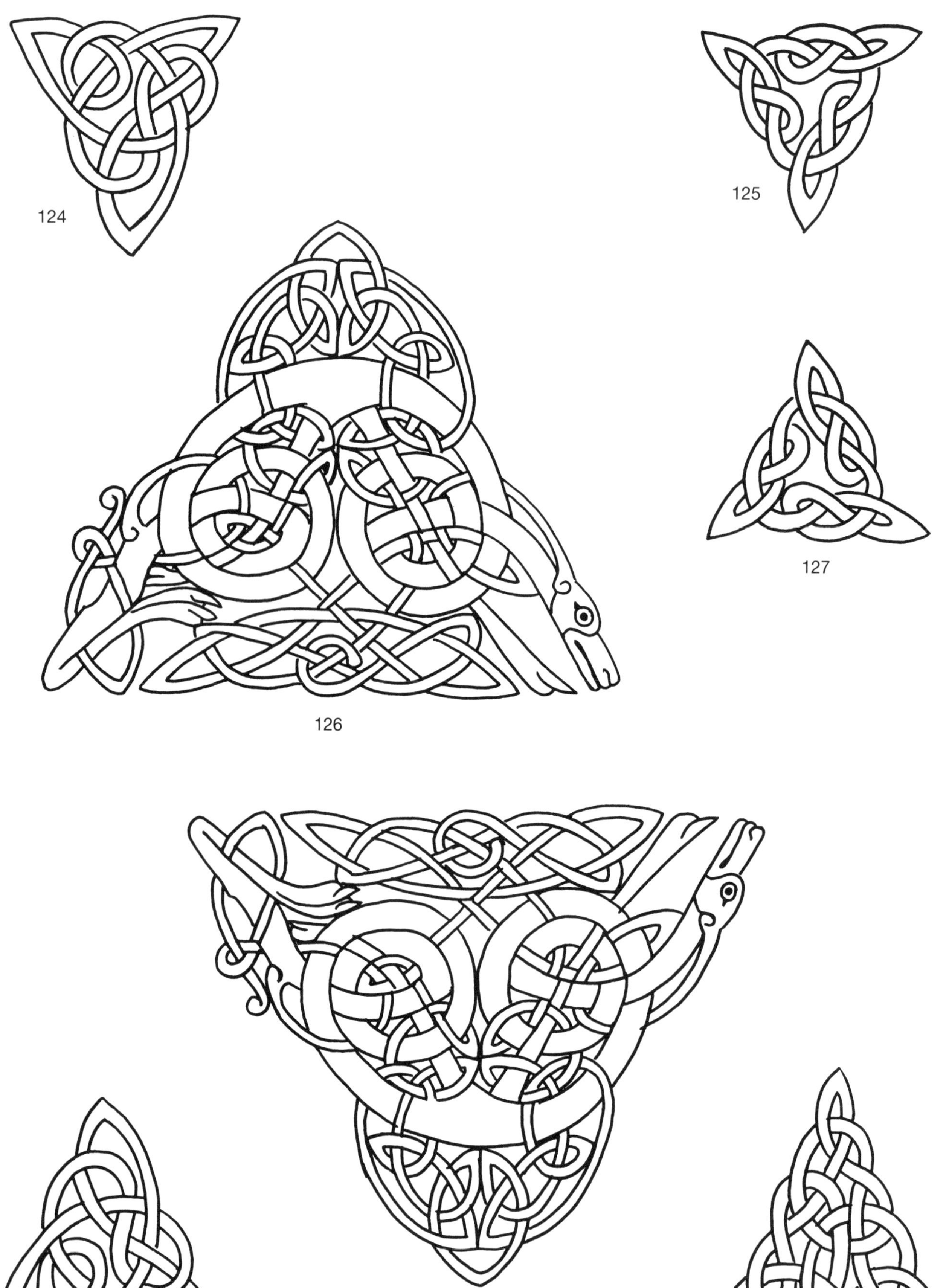

124

125

126

127

128

129

130

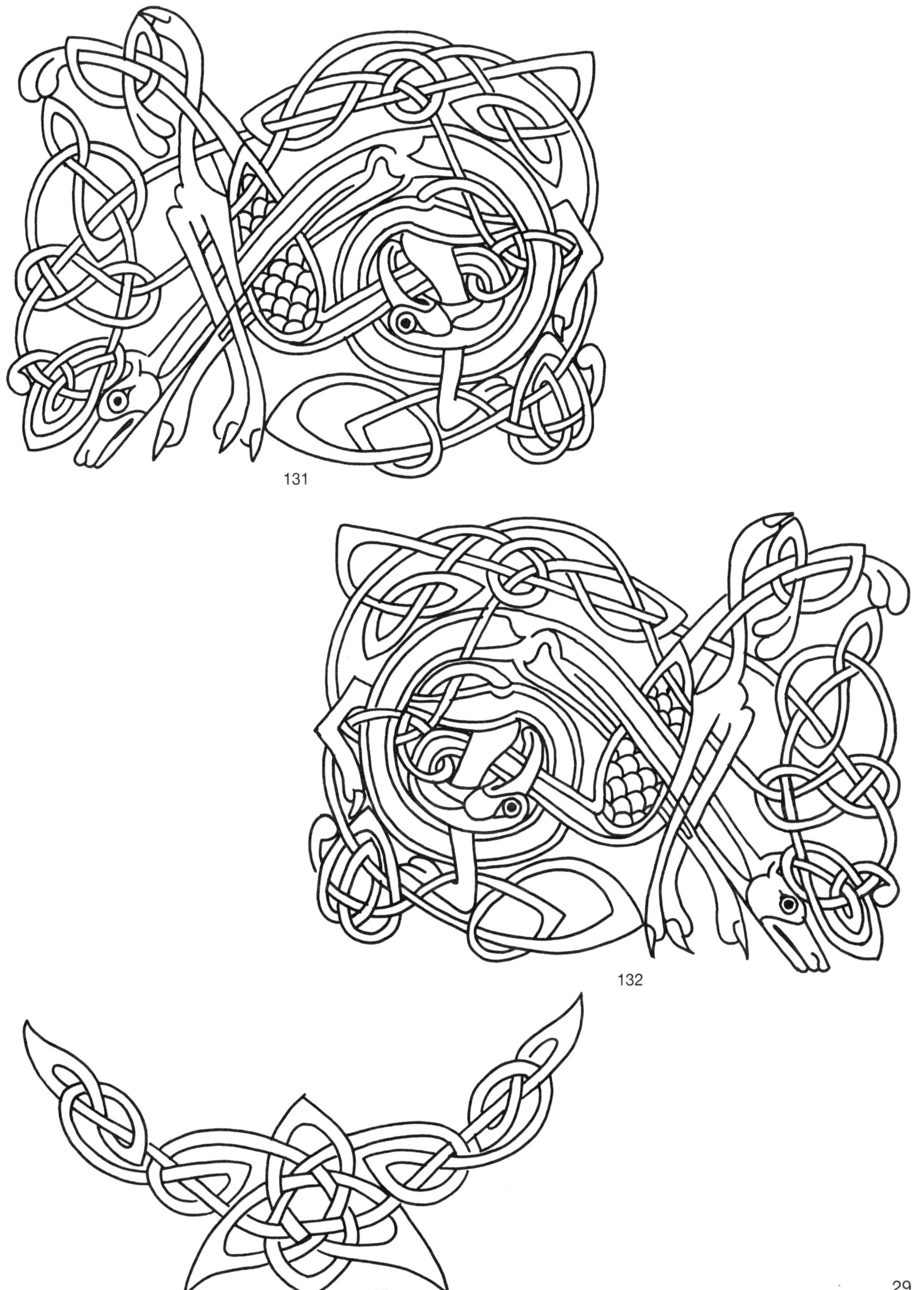
131
132
133

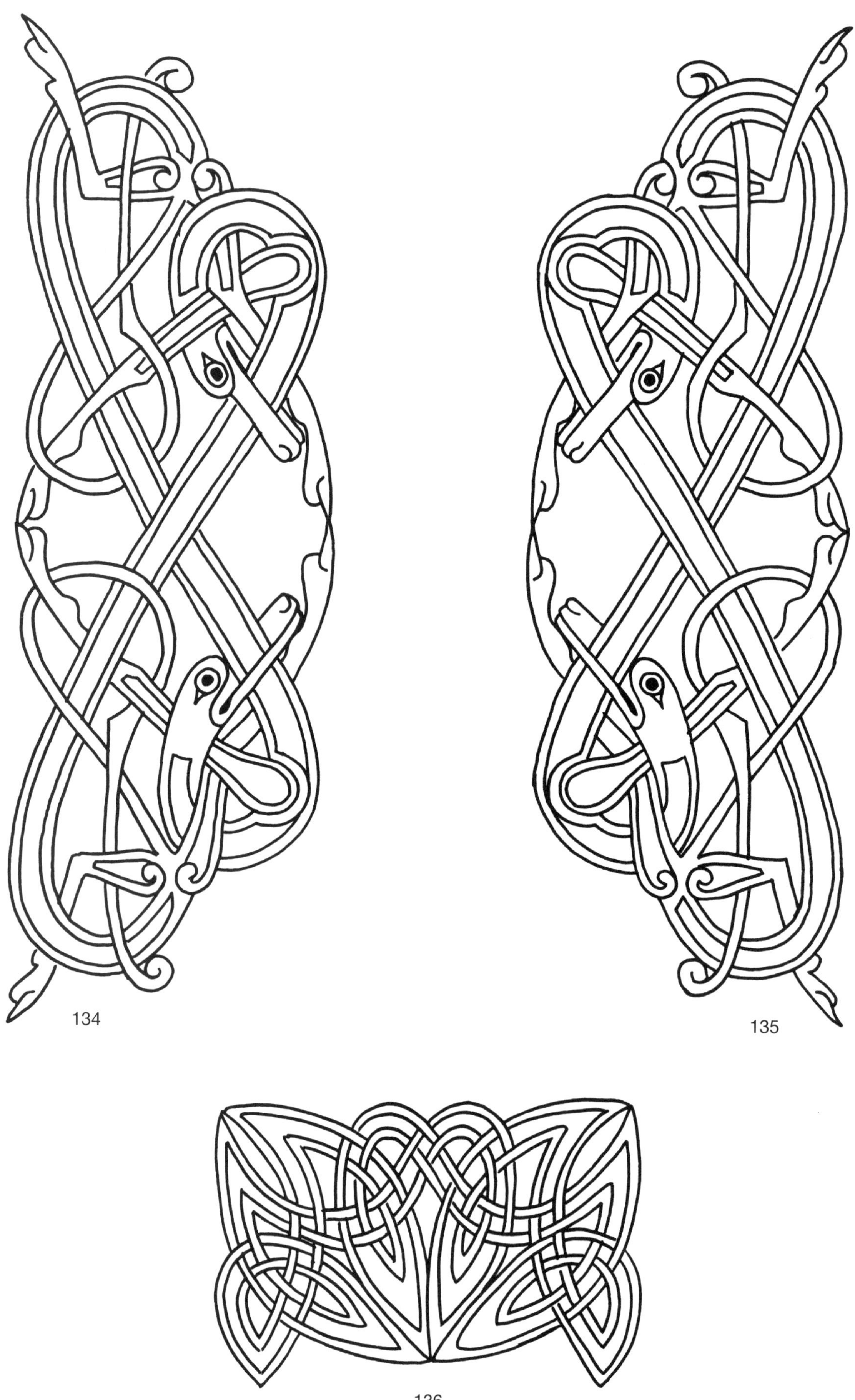

134

135

136

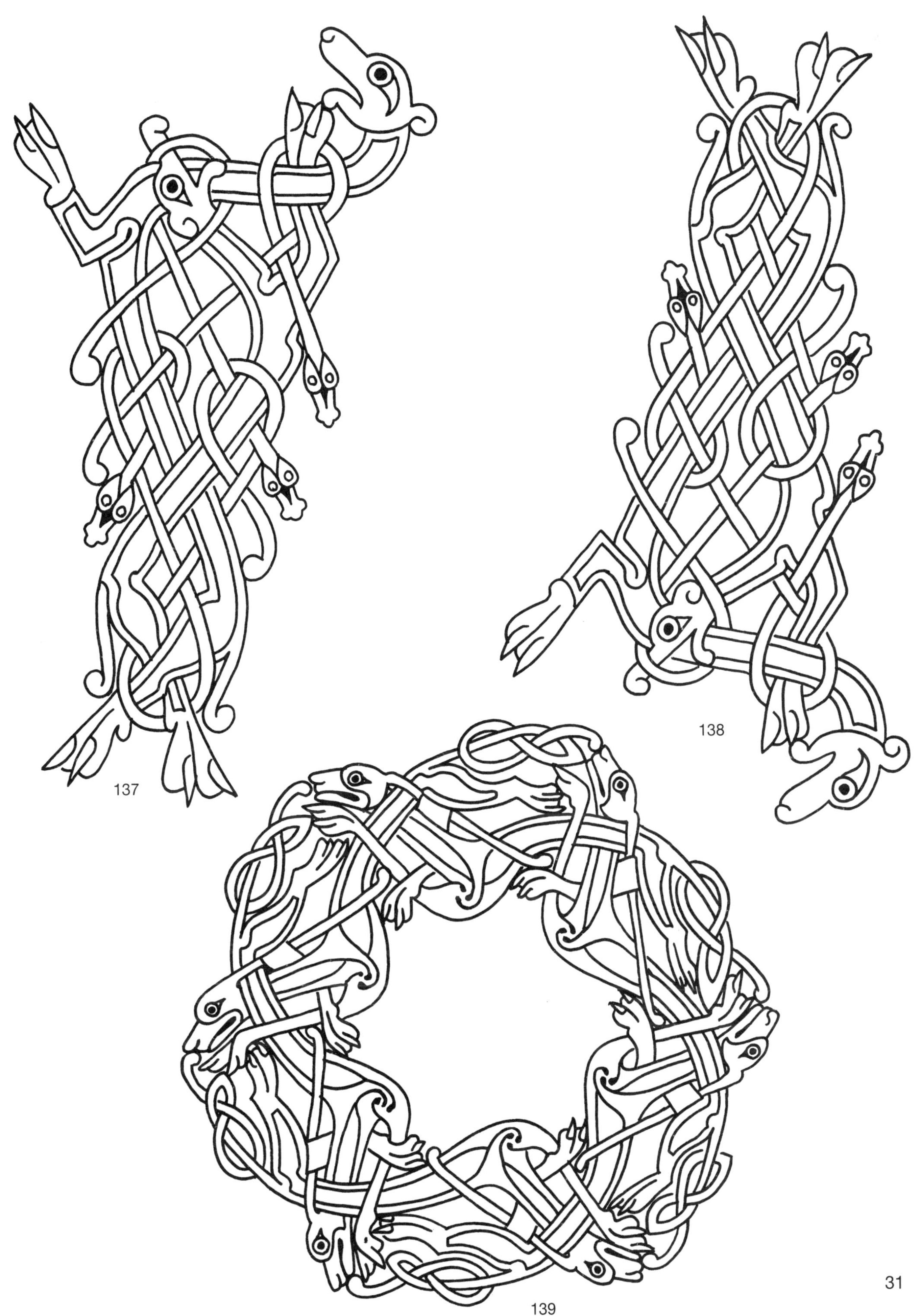
137

138

139

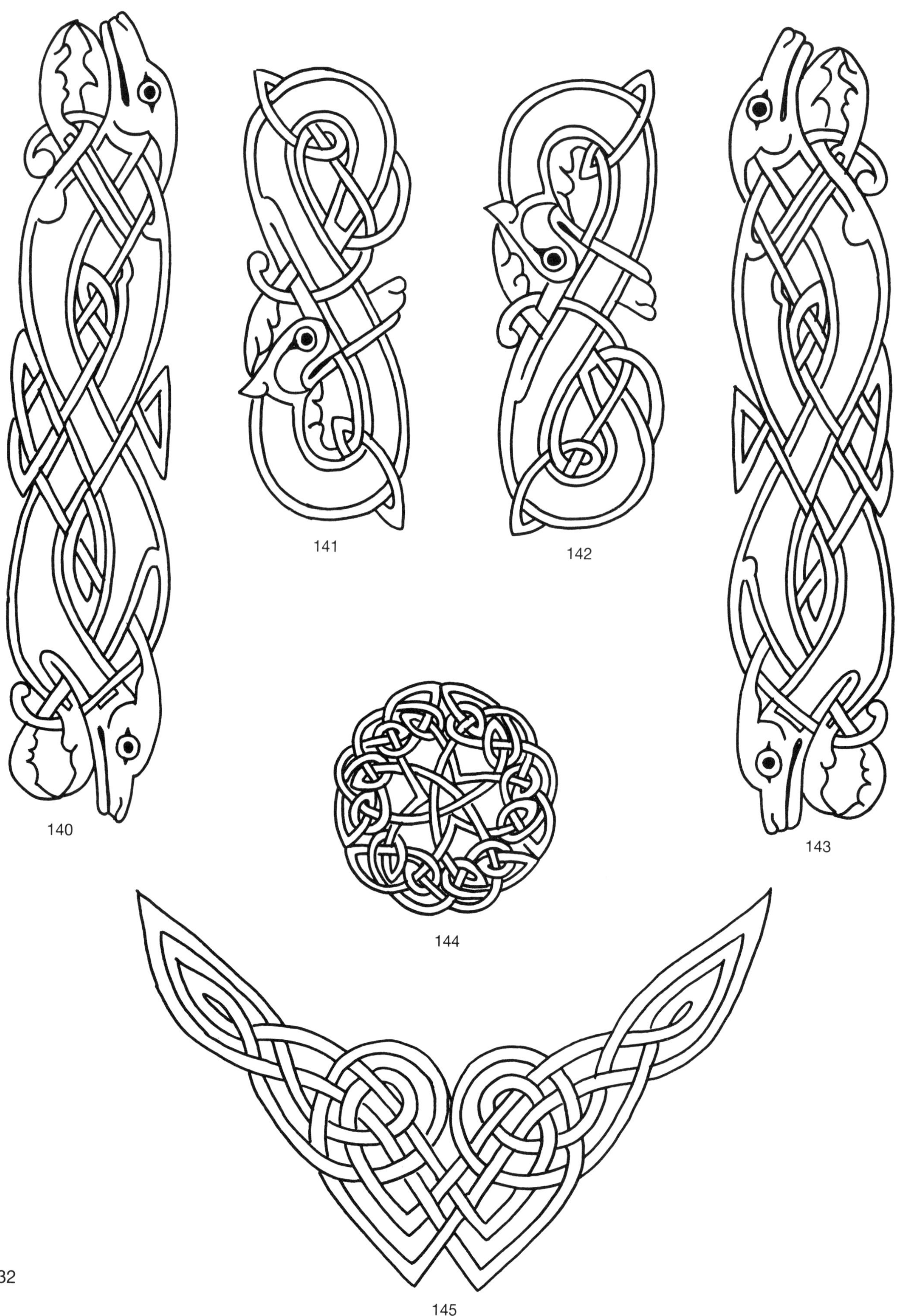
140
141
142
143
144
145

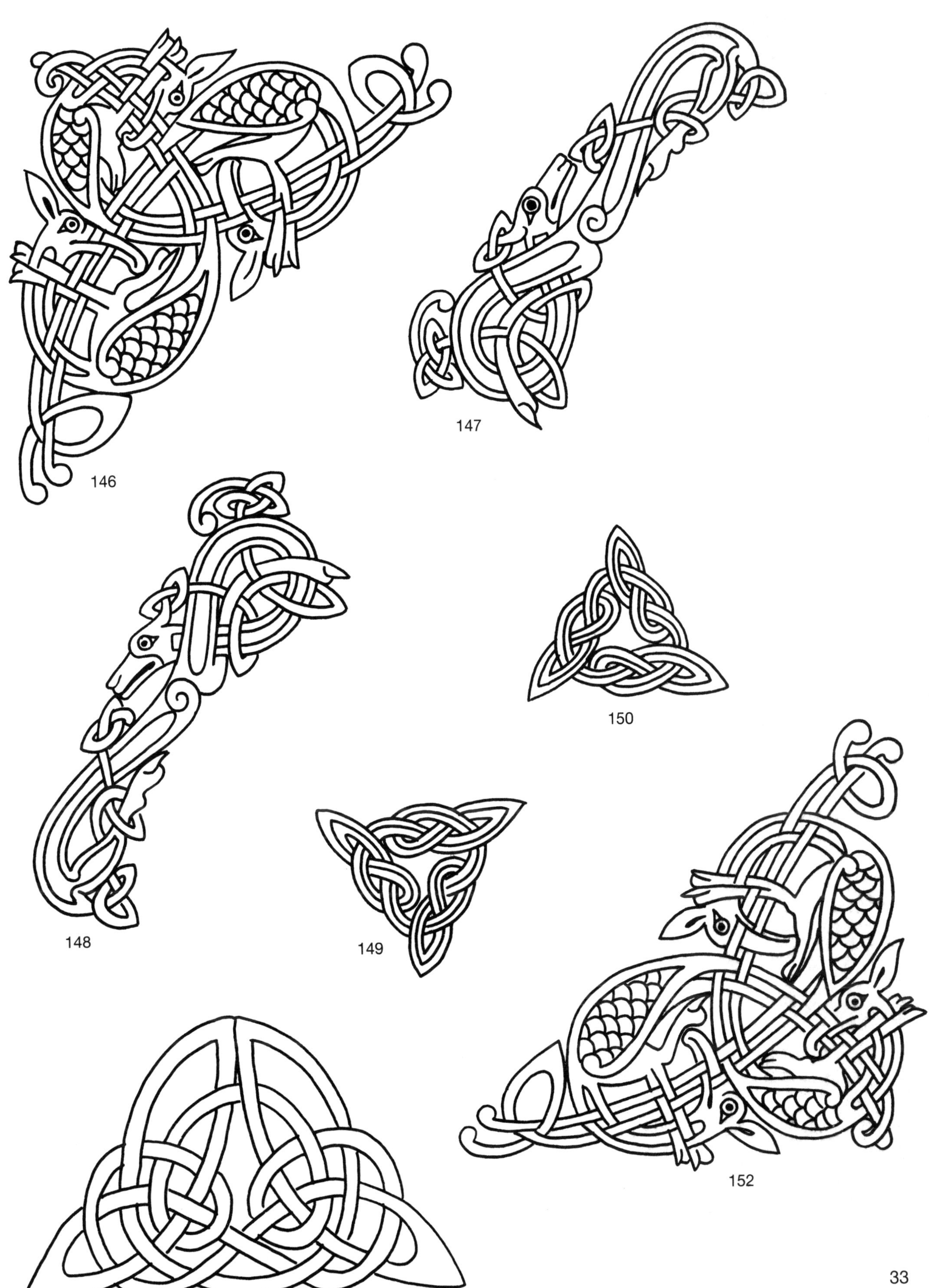
146
147
148
149
150
151
152

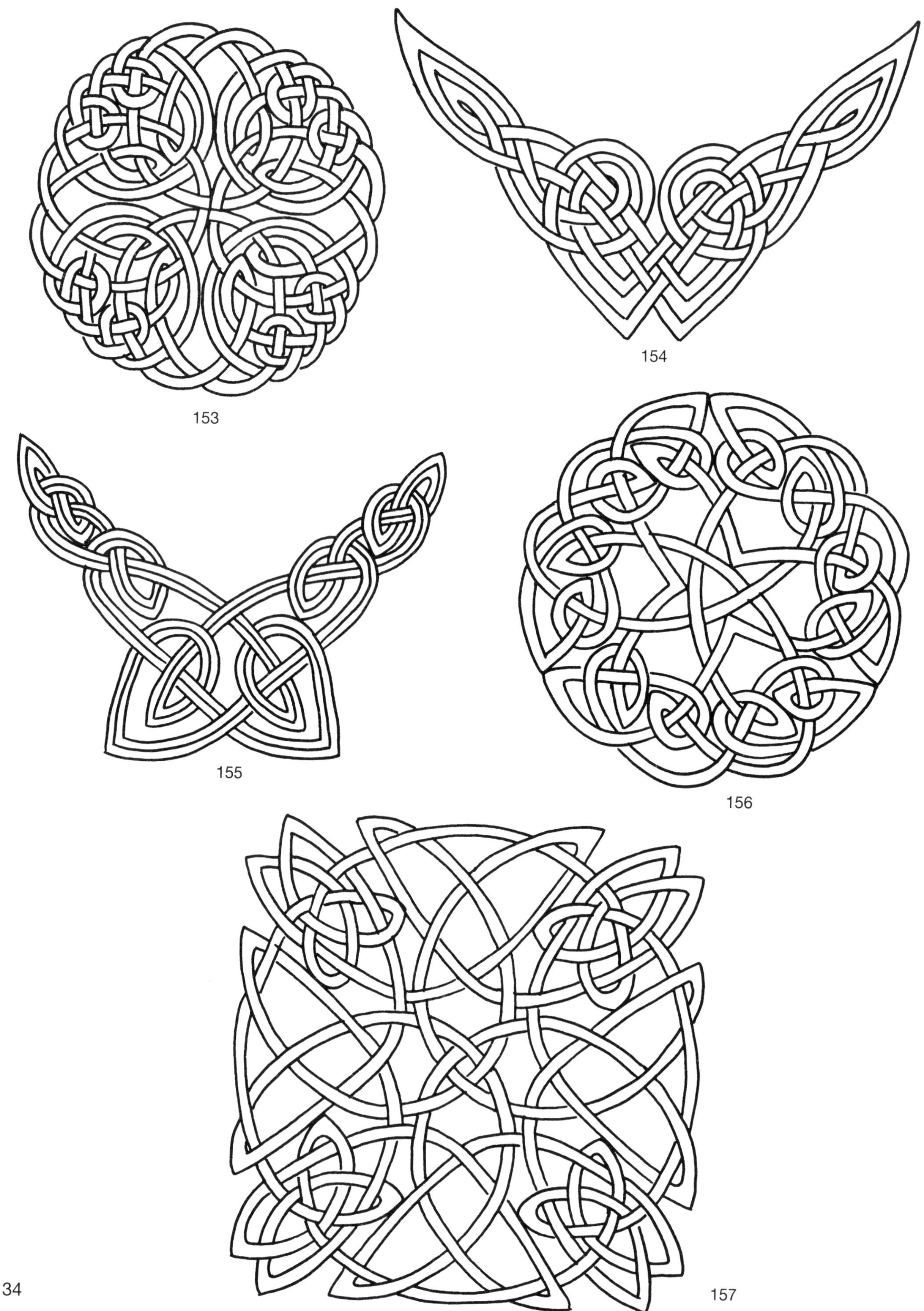
153
154
155
156
157

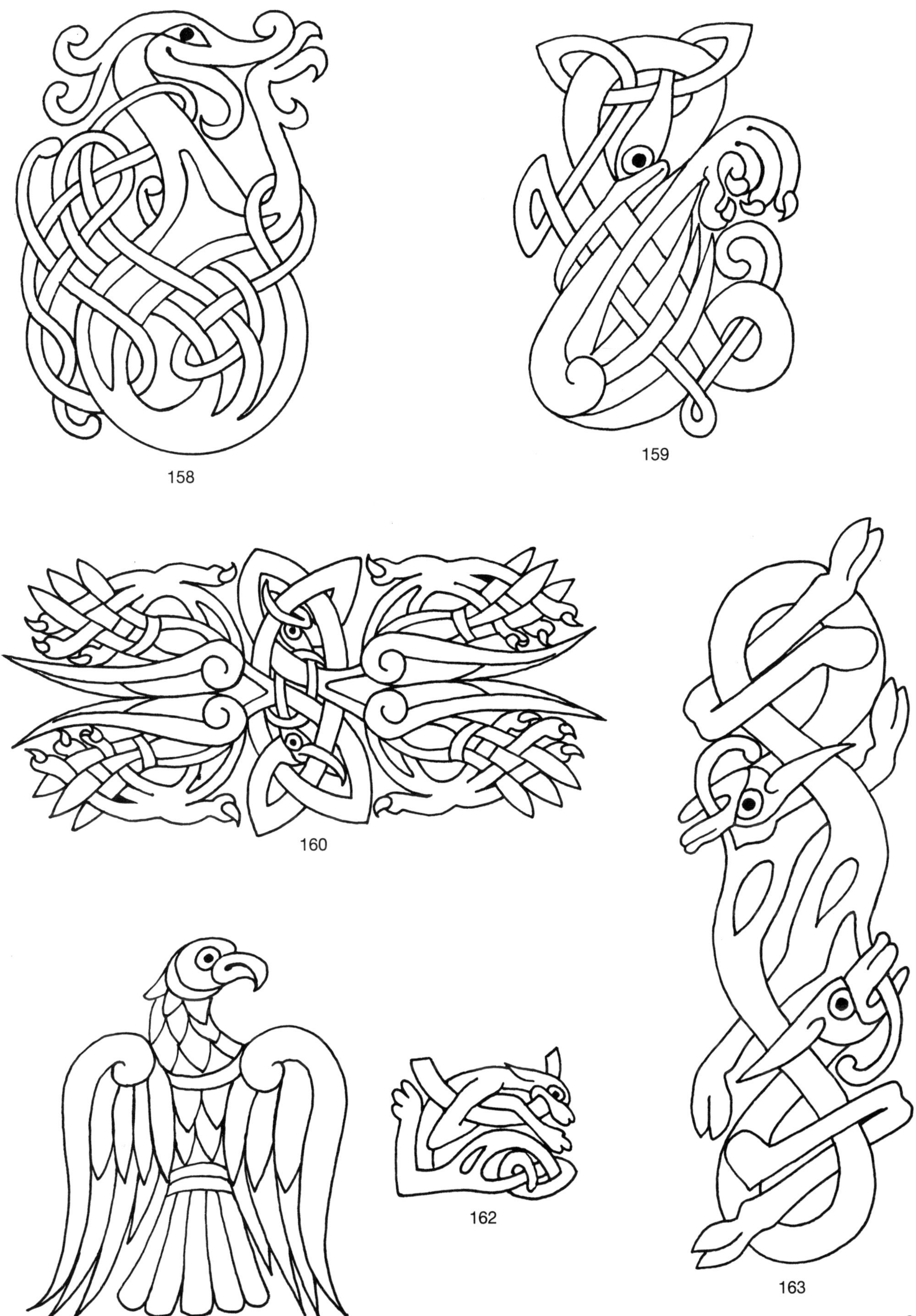

158

159

160

161

162

163

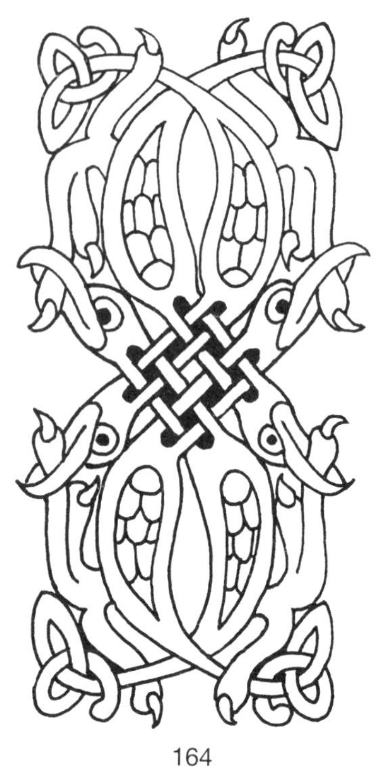

164

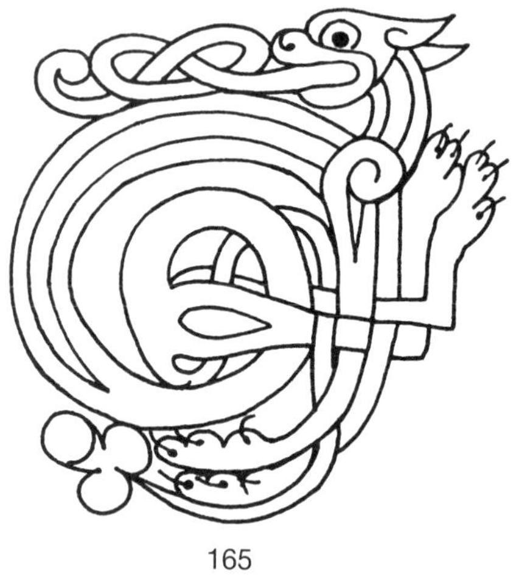

165

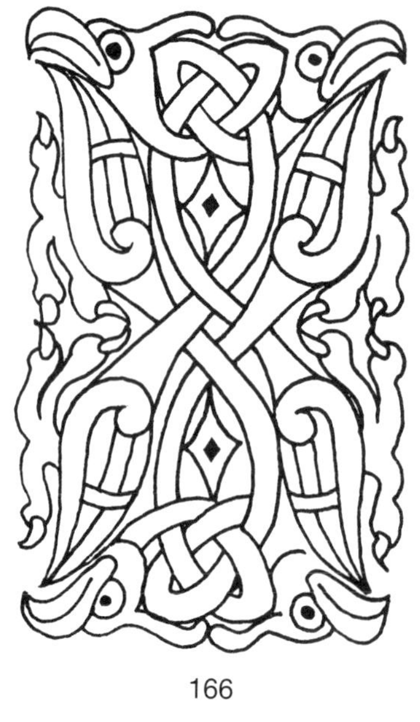

166

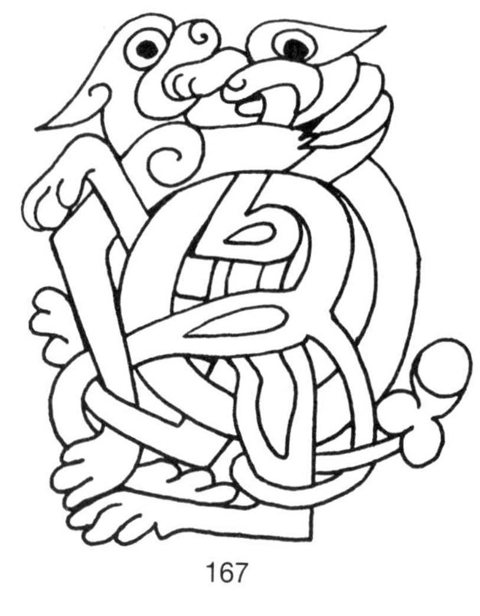

167

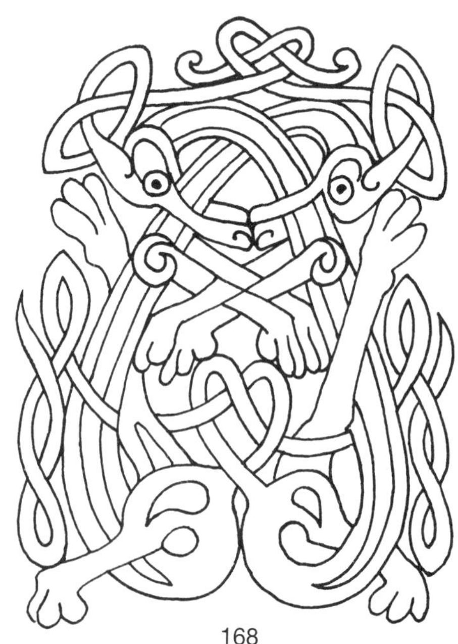

168

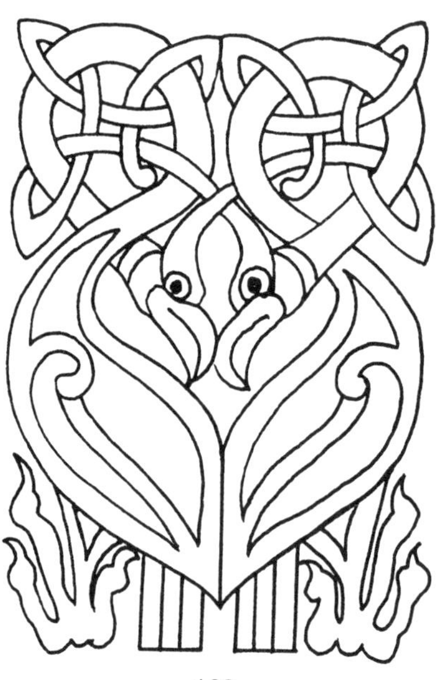

169

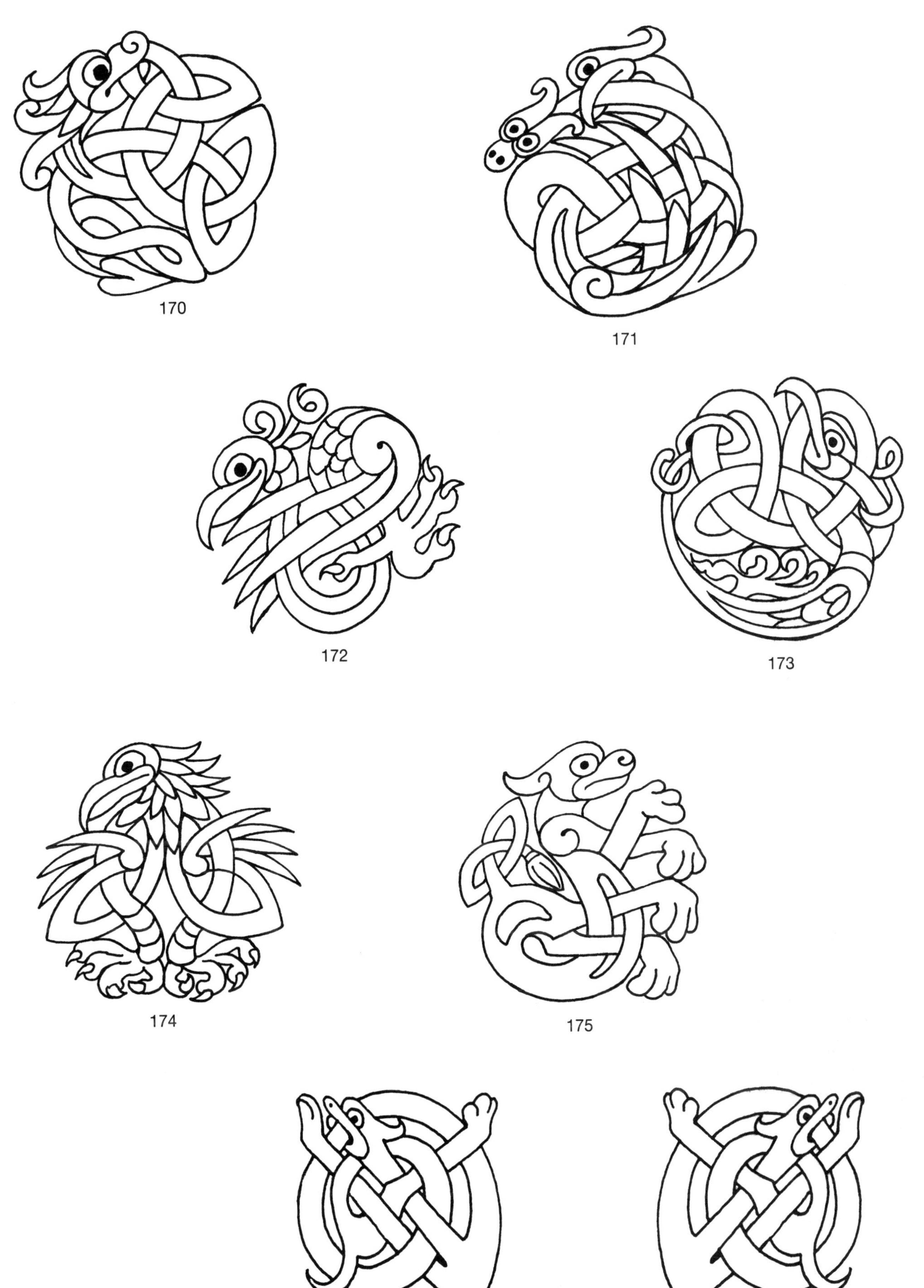

170
171
172
173
174
175
176
177

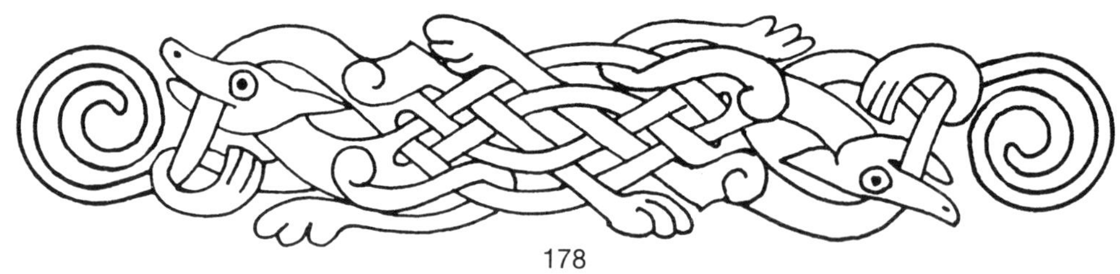

178

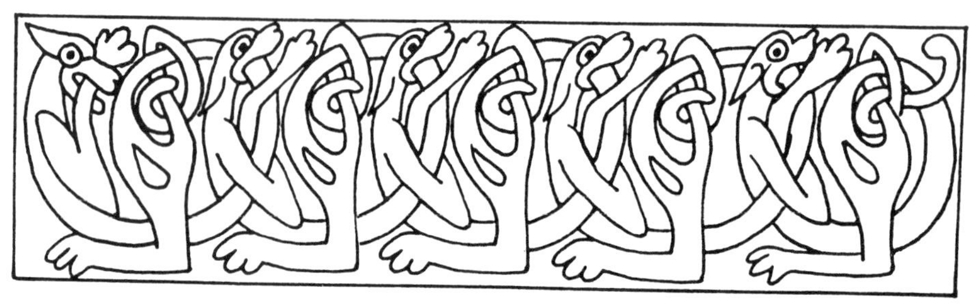

179

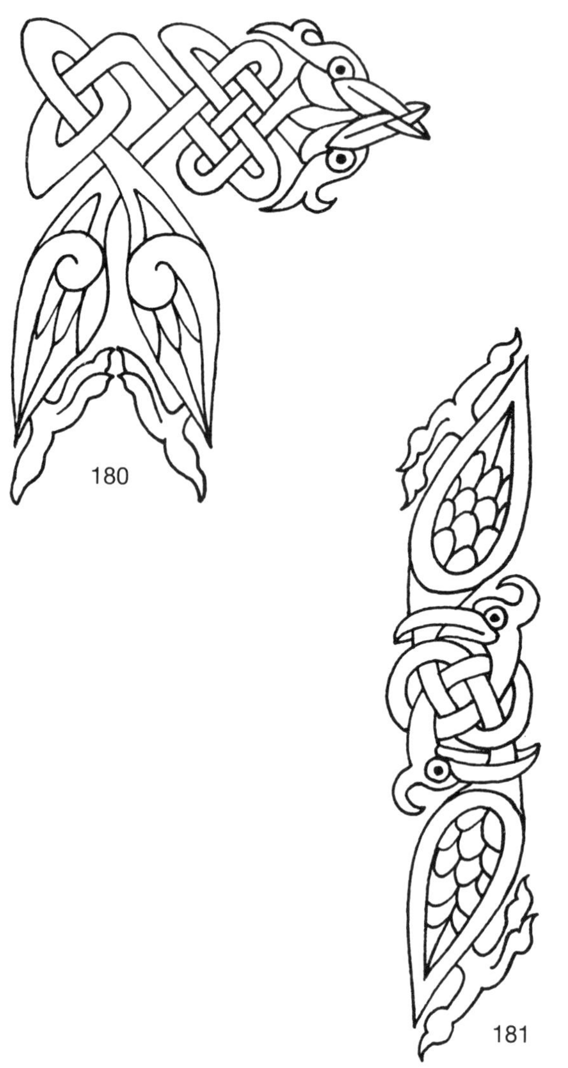

180

181

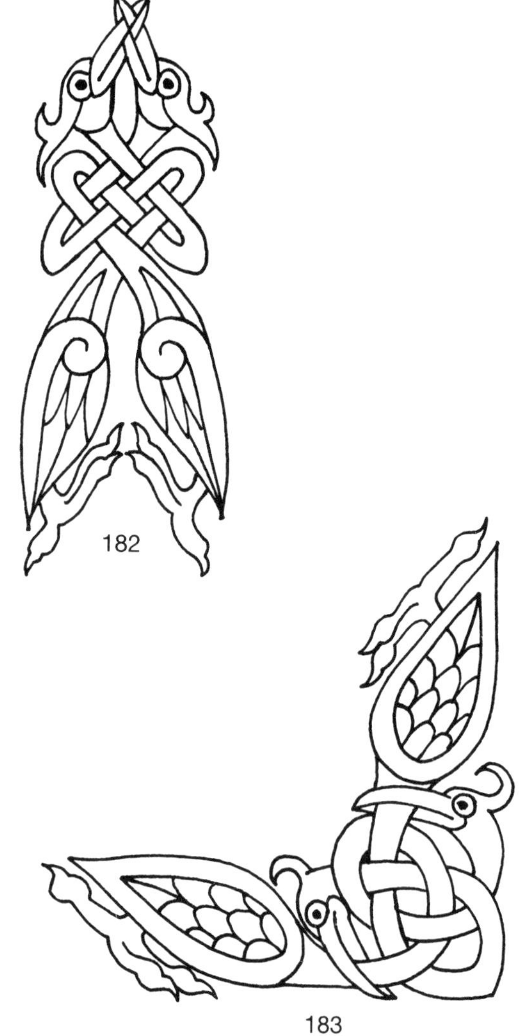

182

183

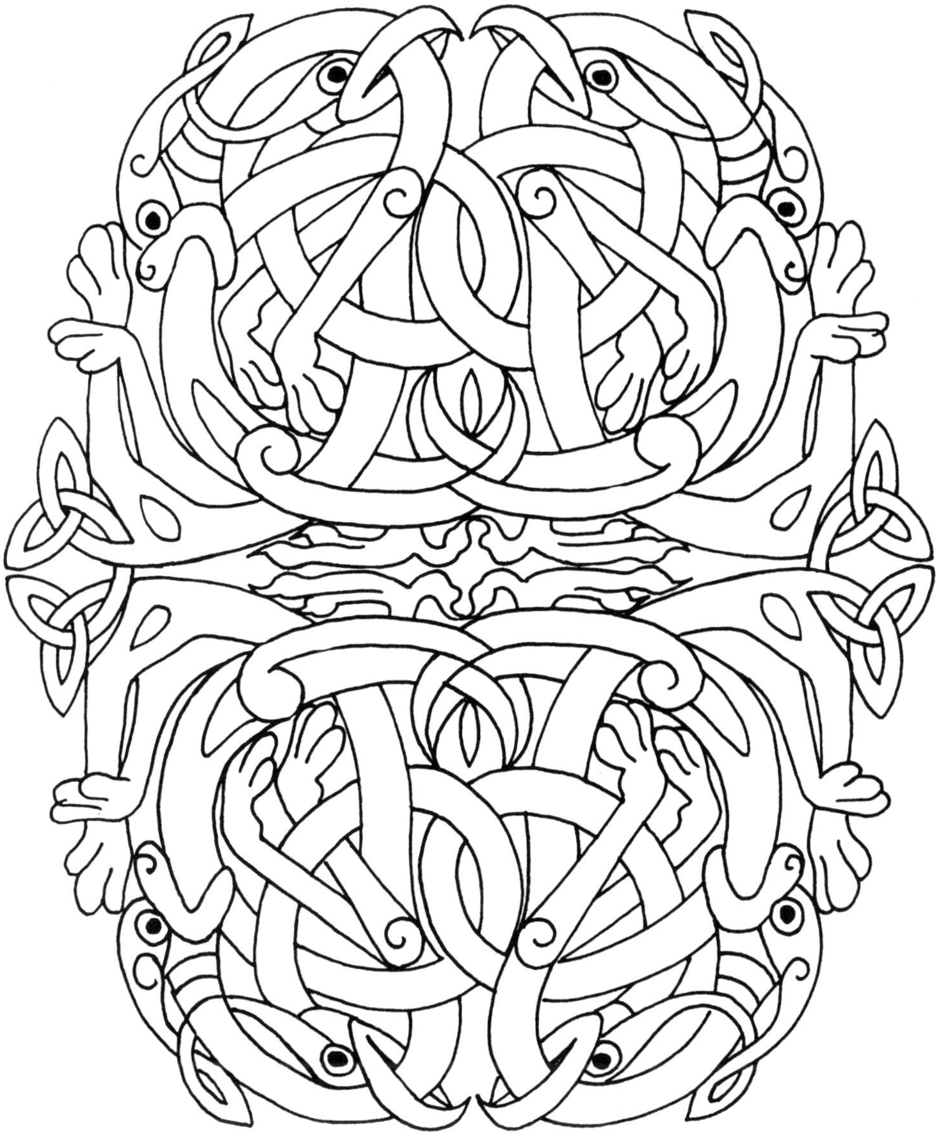

184

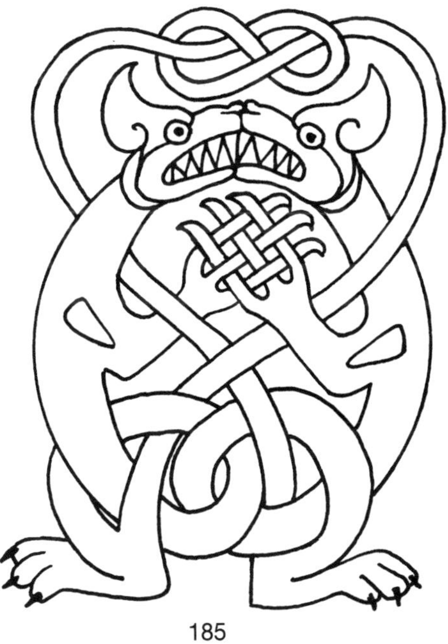

185

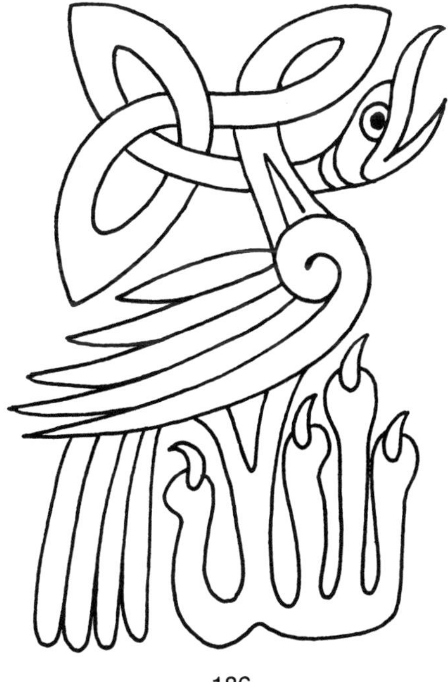

186

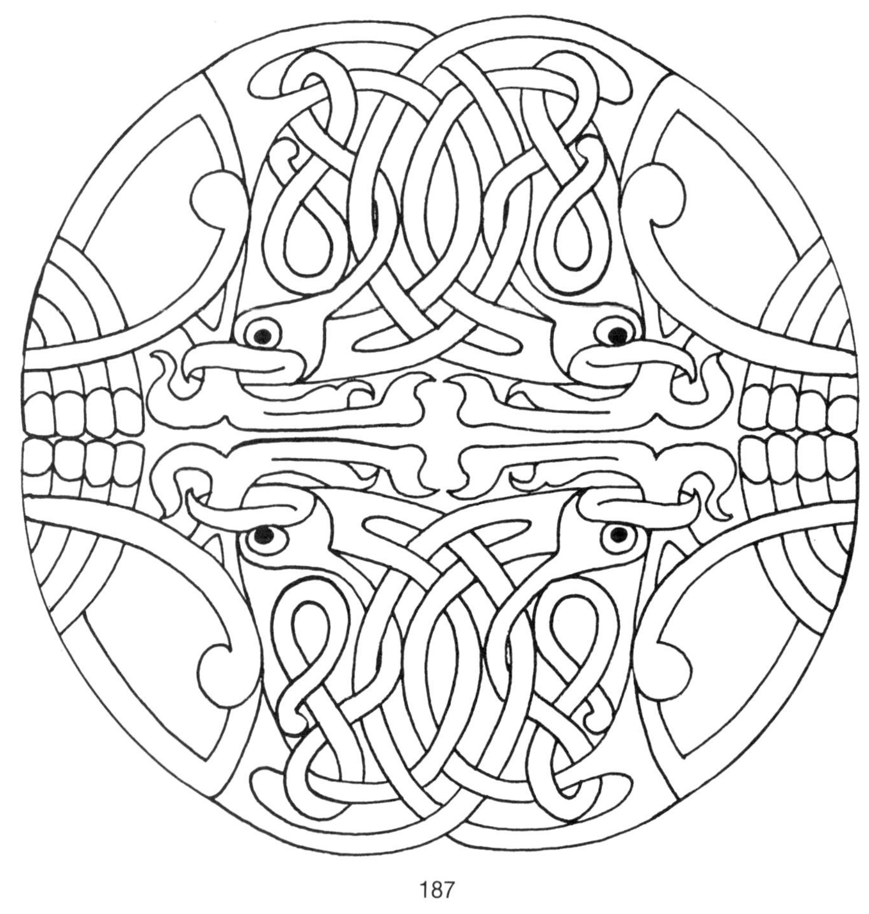

187

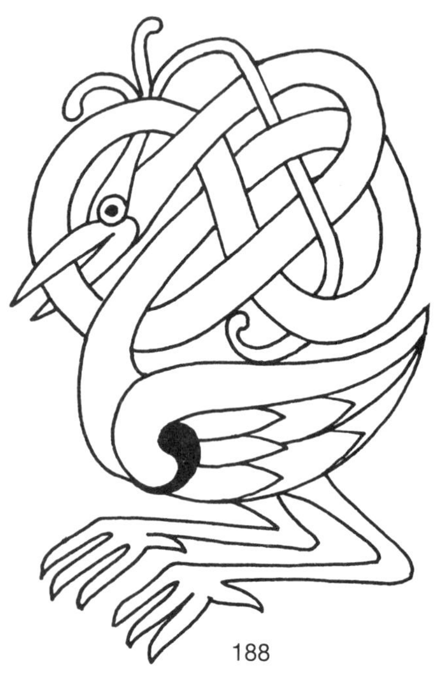

188

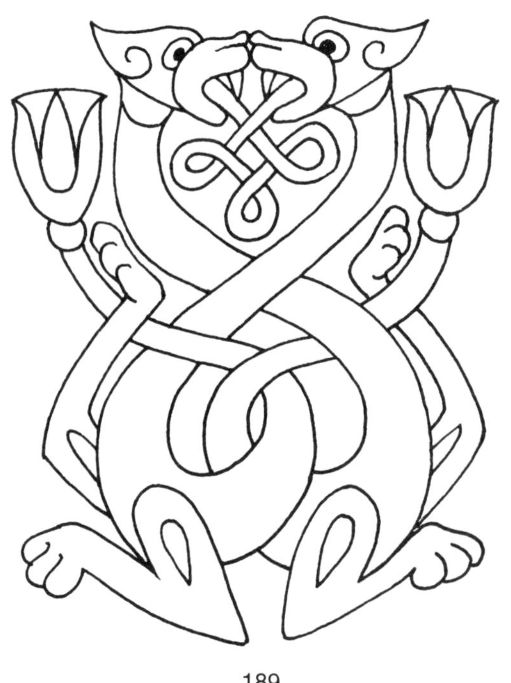

189

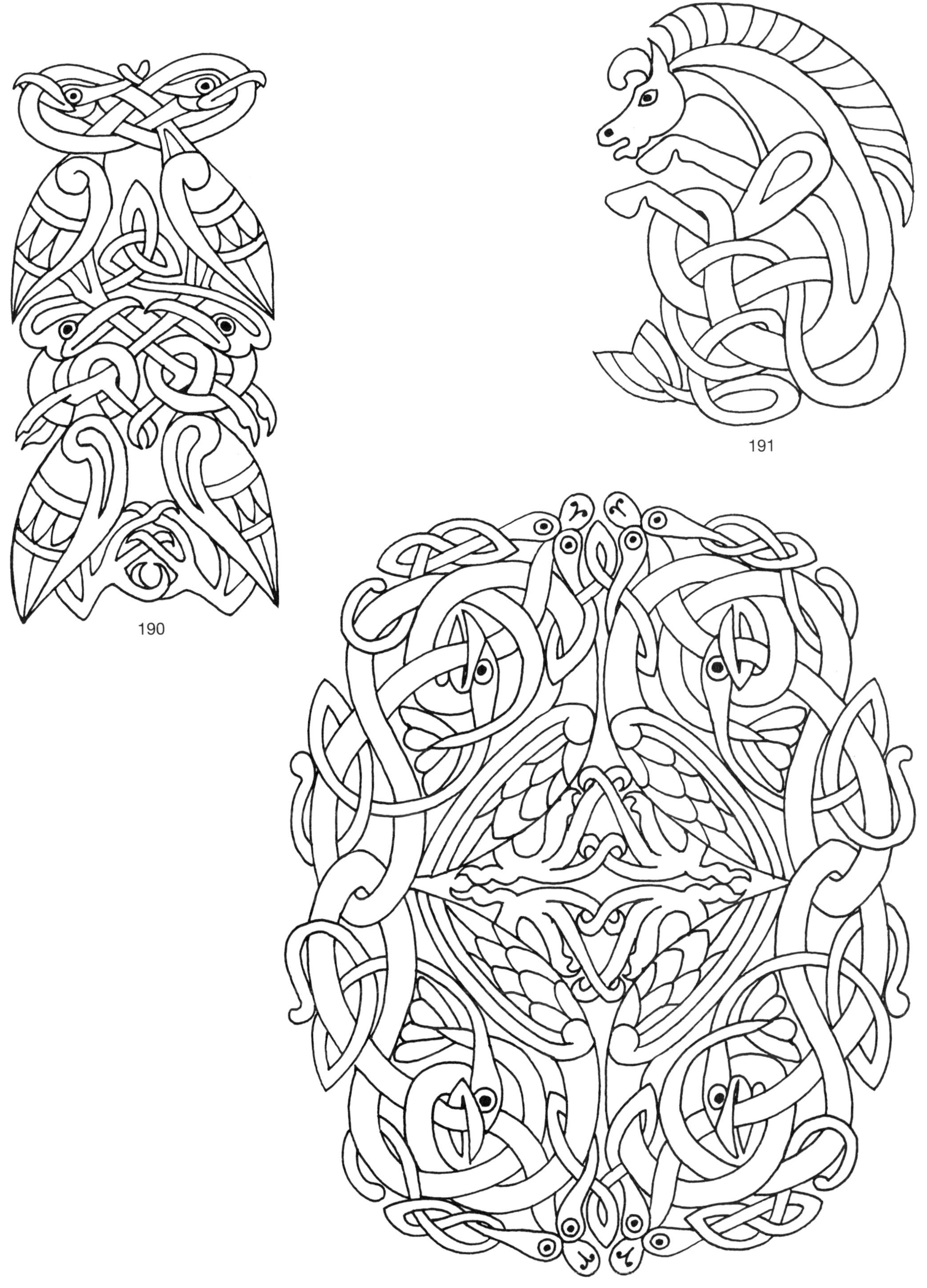

190

191

192

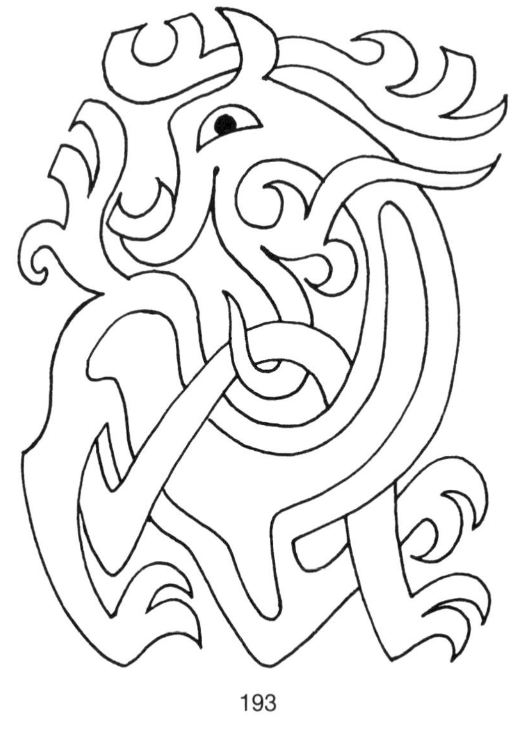
193

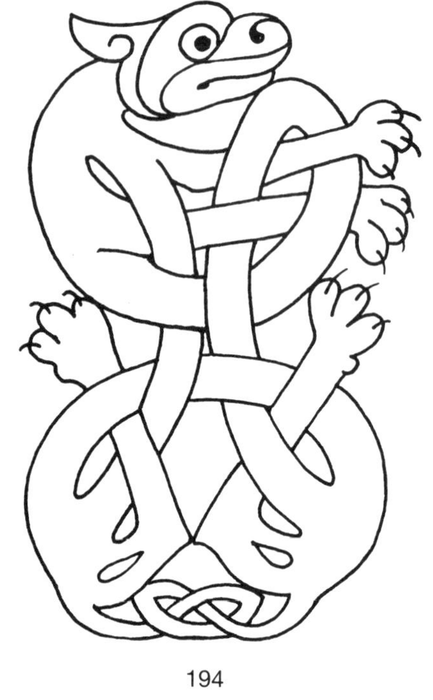
194

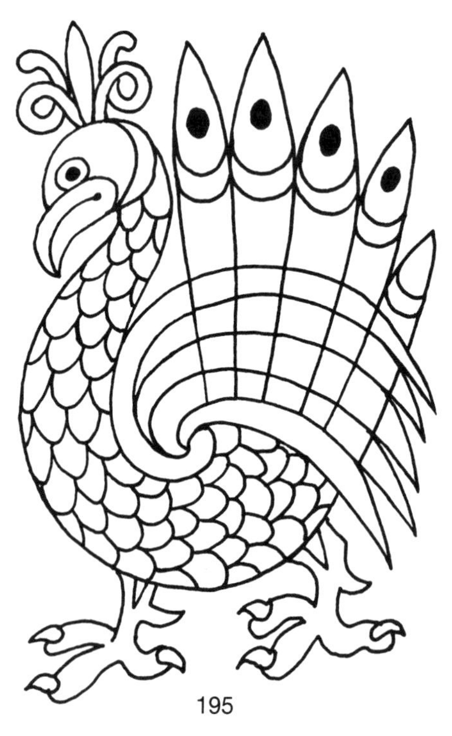
195

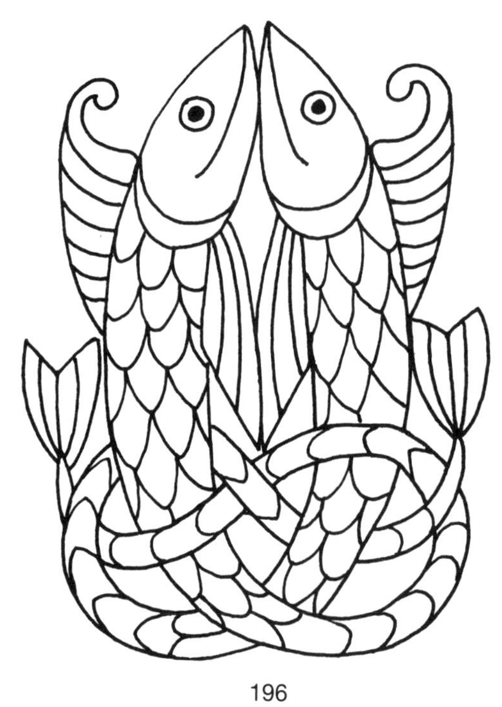
196

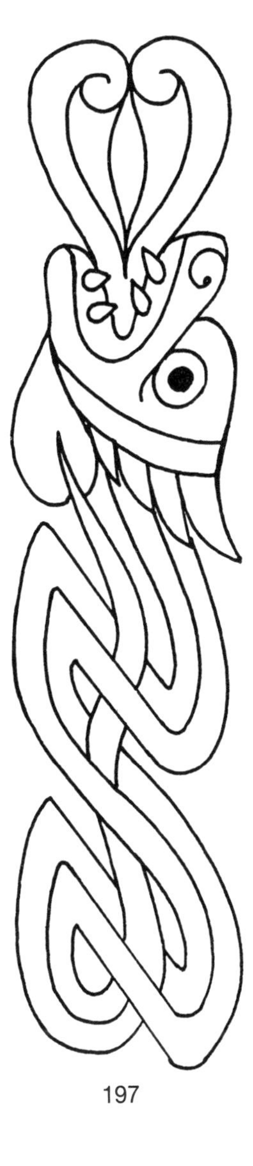
197

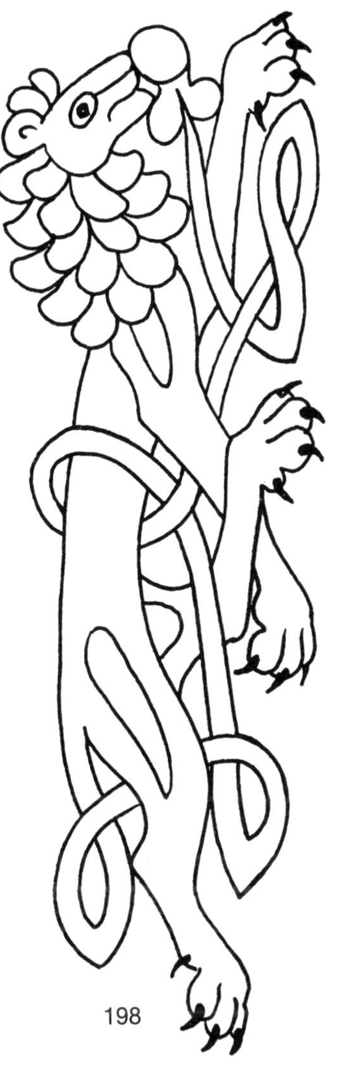
198

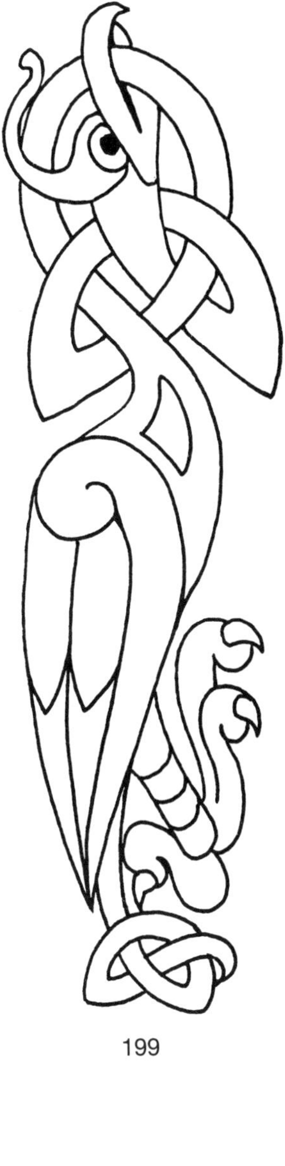
199

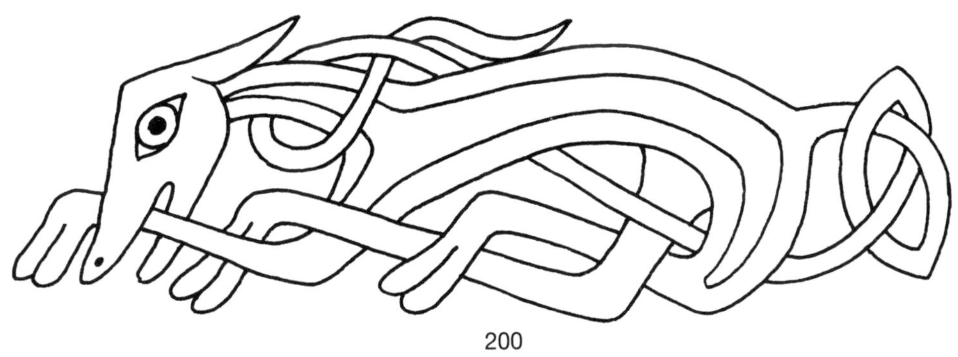
200

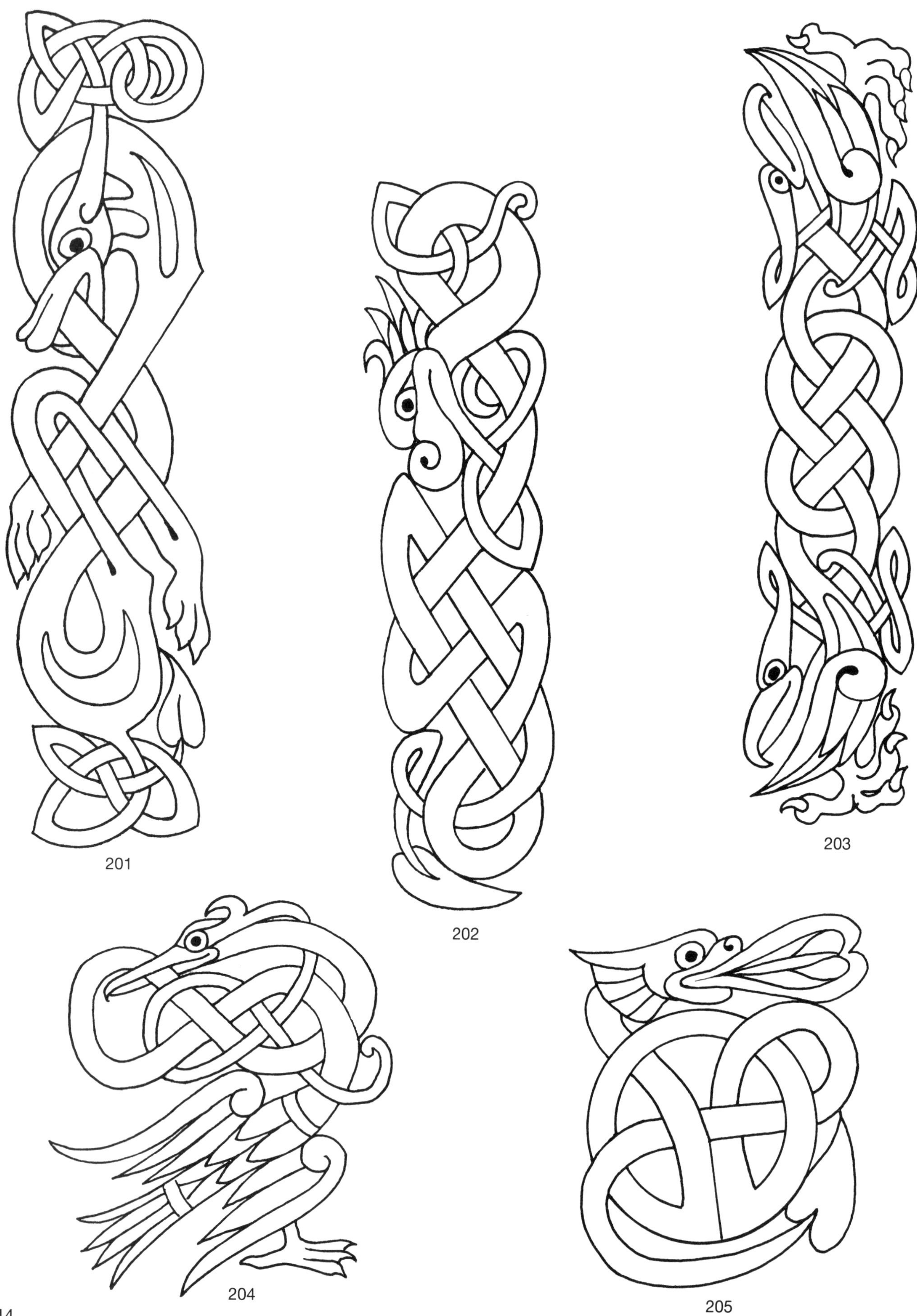

201

202

203

204

205

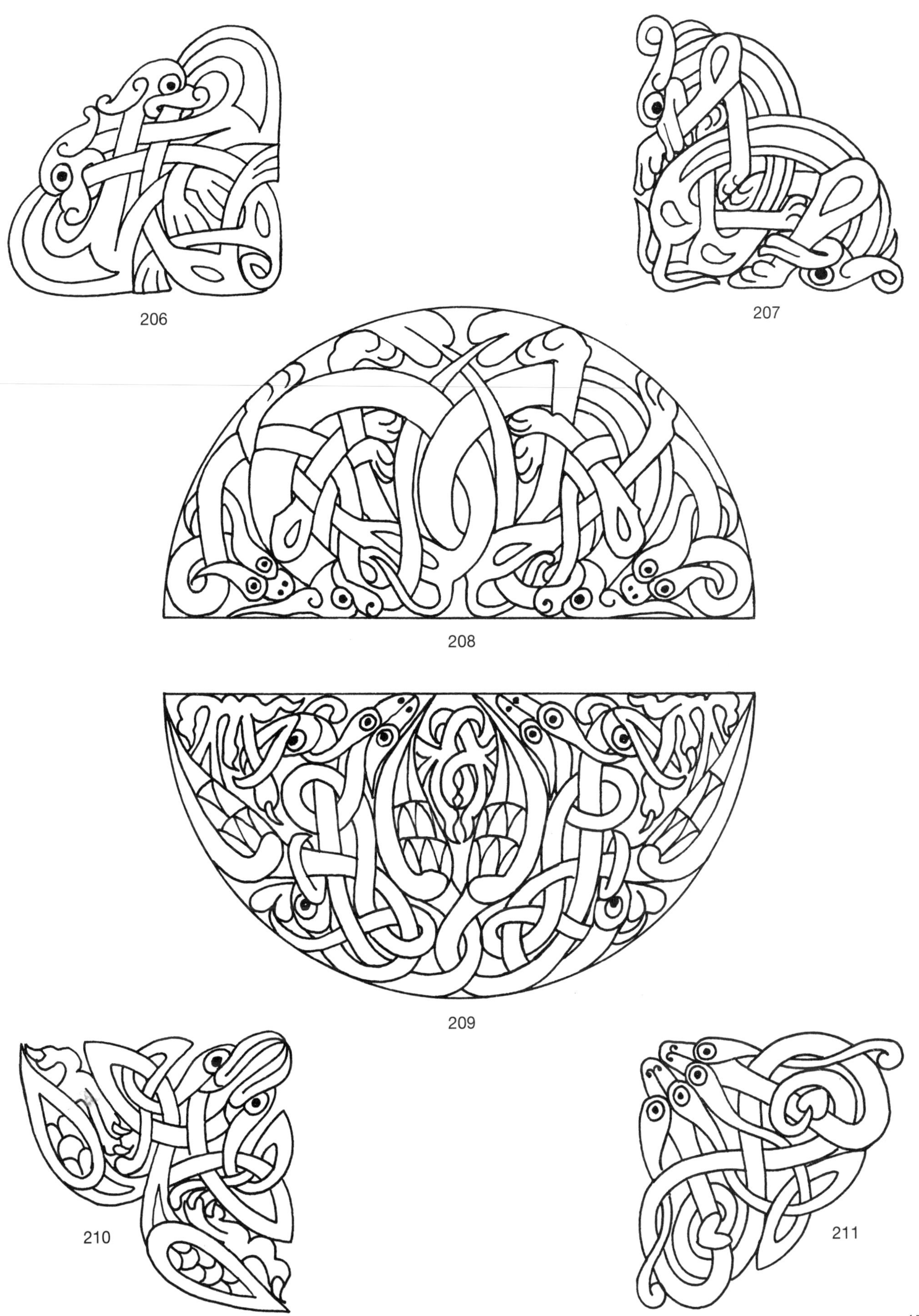

206 207 208 209 210 211

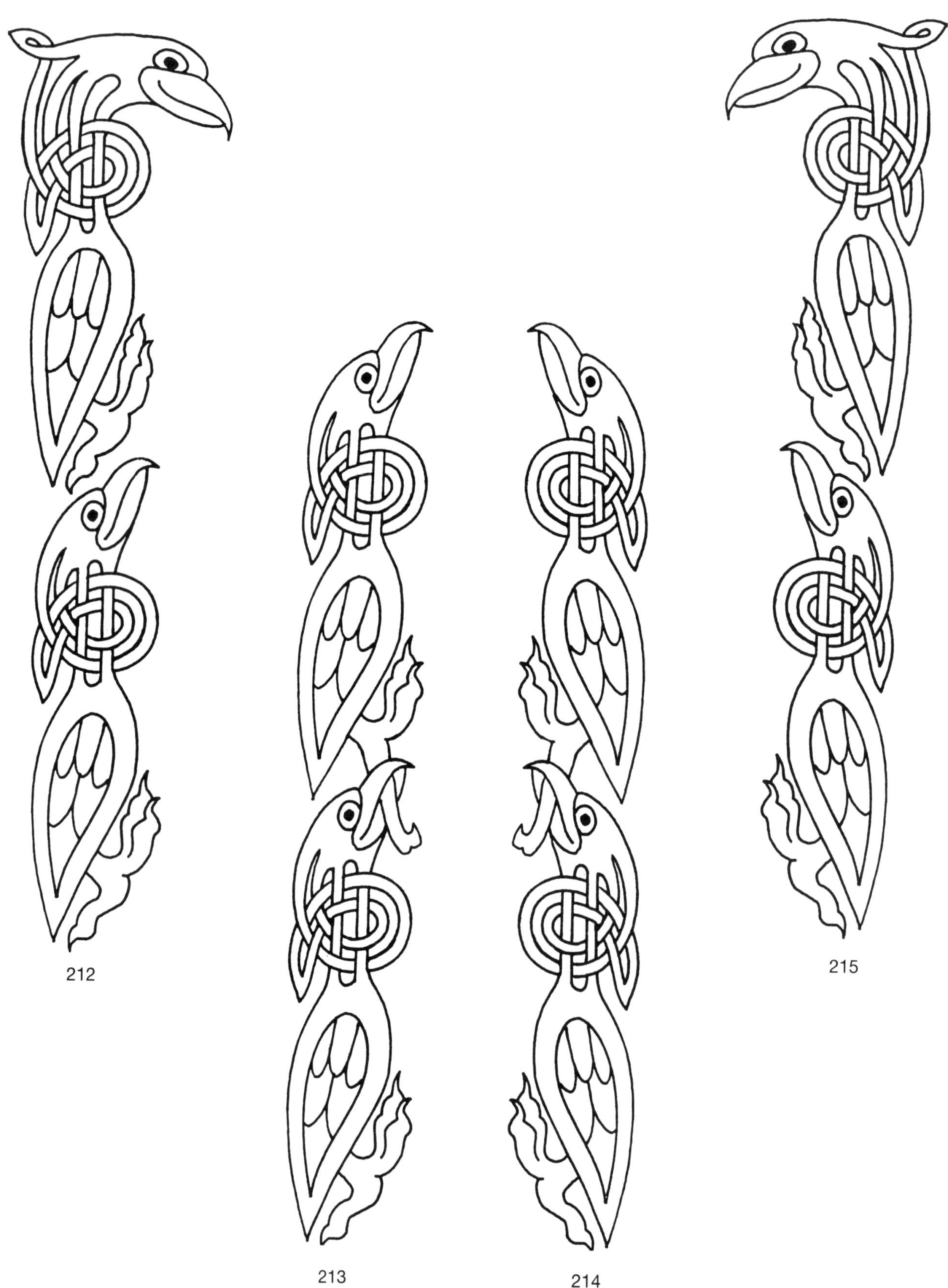
212
213
214
215

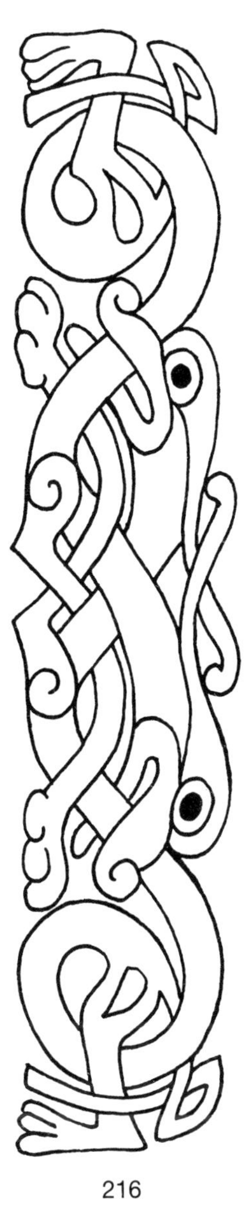

216

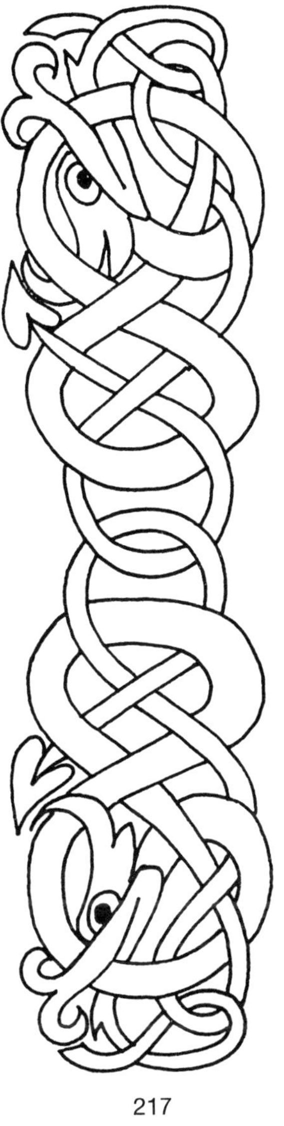

217

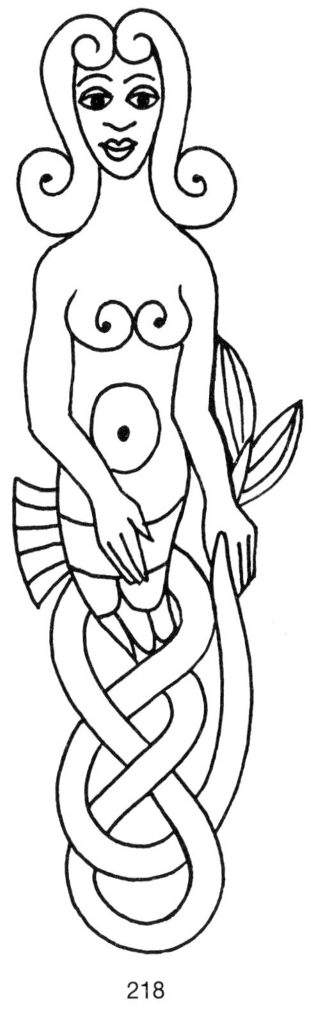

218

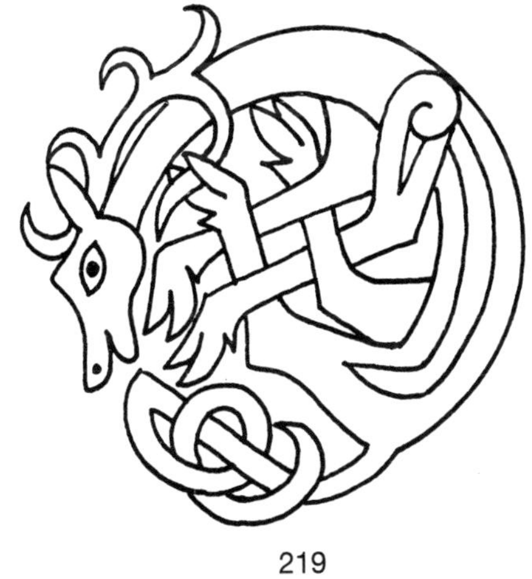

219

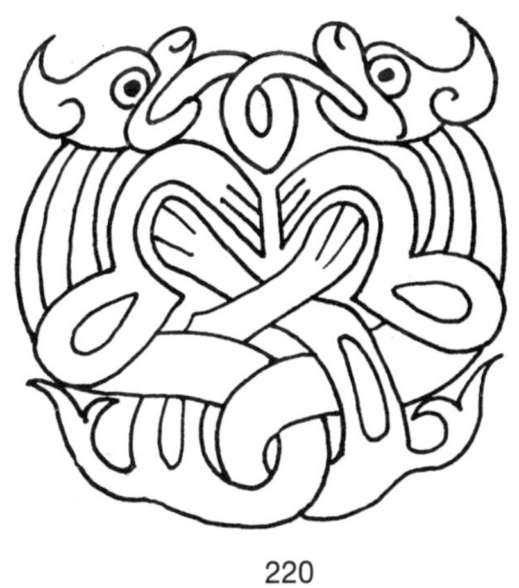

220

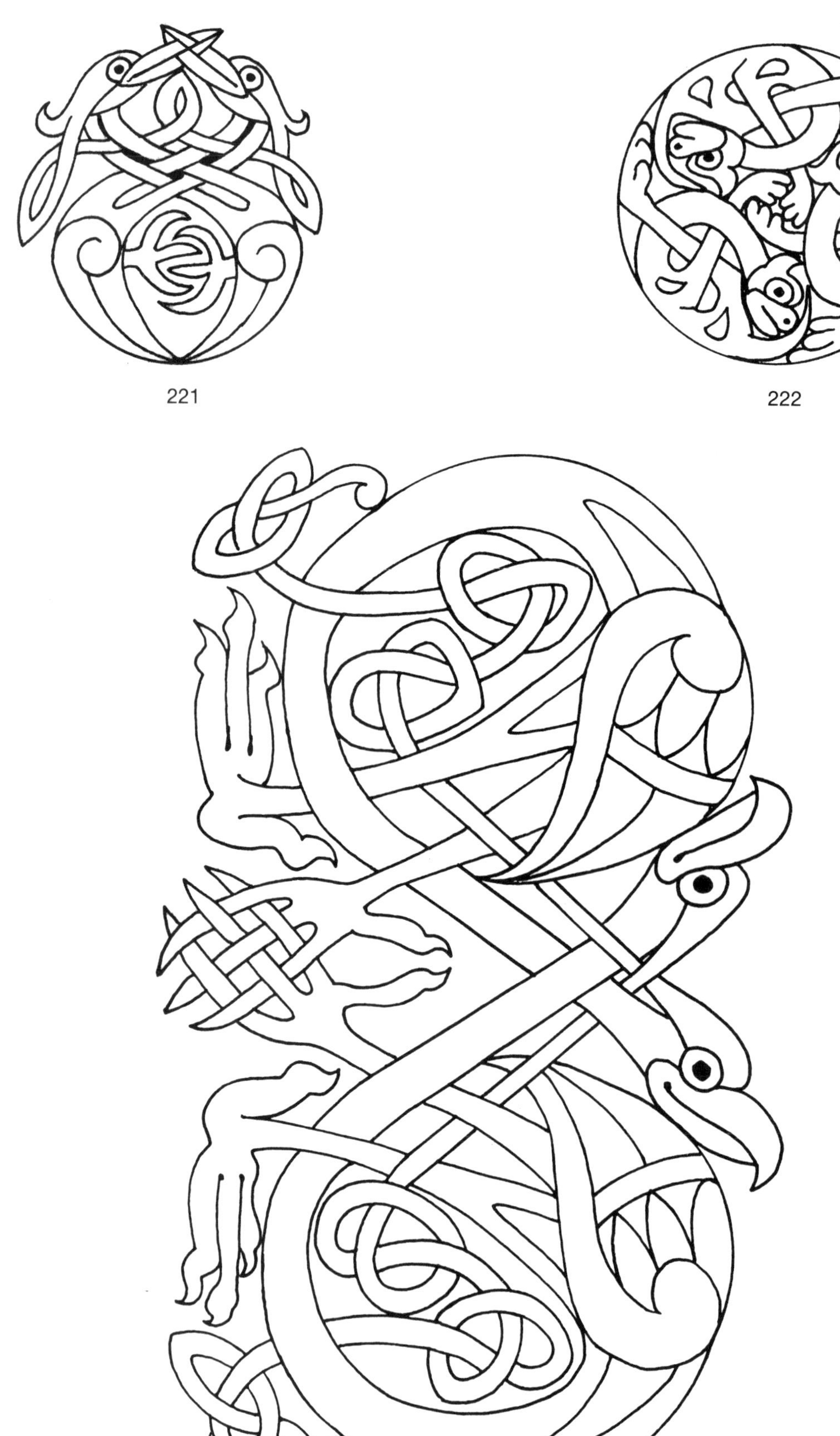

221

222

223